Derechos de autor Mercedes Guzman
Confesiones de tu niño interior, 2022.

Editorial PanHouse
www.editorialpanhouse.com

No se autoriza la reproducción de este libro ni partes del mismo en forma alguna, ni tampoco sea archivado en un sistema o transmitido de alguna manera ni por ningún medio electrónico, mecánico, fotocopia, grabación u otro sin permiso previo escrito del autor de este.

Edición general:
Jonathan Somoza
Gerencia general:
Paola Morales
Gerencia editorial:
Barbara Carballo
Coordinación editorial:
Anagabriela Padilla
Edición de estilo:
Enaidys Gómez
Corrección ortotipográfica:
Rosa Raydán
Ilustración de portada:
Daniel Arzola
Diseño, portada y diagramación:
Audra Ramones

ISBN: 978-980-437-149-3
Depósito legal: DC2022001095

MERCEDES GUZMAN
CONFESIONES DE TU NIÑO INTERIOR

Prólogo por Ismael Cala

PanHouse

ÍNDICE

DEDICATORIA 11
AGRADECIMIENTOS 13
SOBRE LA AUTORA 15
PRÓLOGO 17
COMENTARIOS 19
PREFACIO 23
    Lo que tu niño interior te muestra 23

1 31
EL REENCUENTRO CON MI NIÑA INTERIOR
    ¿Cómo entro en el camino del niño interior? 36
    De regreso a la infancia 43
    Mi niña interior y las prostitutas 45
    Mi niña interior y la exclusión 47
    Mi niña interior y su padre 49
    La religión y mi niña interior 51
    Santa Claus y mi niña interior 52
    La muerte y mi niña interior 53
    La vergüenza, la culpa y mi niña interior 54
    Las brujas y mi niña interior 55

2 59
LA MENTE SUBCONSCIENTE -TU NIÑO INTERIOR
    La vida se rige por leyes y principios 64

3 67
MI NIÑA INTERIOR A SUS SIETE AÑOS
    Patrones de conducta creados para sobrevivir 74

4 77
PÉRDIDA DE LA MEMORIA Y TU NIÑO INTERIOR

5 83
BENDECIR O MALDECIR & TU NIÑO INTERIOR

6 89
NO FUE TU CULPA, NUNCA LO FUE

7 101
TU NIÑO INTERIOR Y EL DINERO
- Caso I 106
- Caso II 108
- Caso III 109
- Caso IV 110

8 113
TU NIÑO INTERNO Y TUS RELACIONES
- Historia de Natalia y Alberto 120
- Historia de Carolina 122
- Historia de Silvia 124

9 127
EL NIÑO INTERIOR
Y LA ORIENTACIÓN SEXUAL
- Caso I 132
- Caso II 134
- Relaciones de parejas gay 135

10 137
LA MADRE O EL PADRE, PUEDE CREAR ENFERMEDAD EN SUS HIJOS

11 143
MI NIÑA INTERIOR Y LA ENFERMEDAD

12 151
EL ÉXITO Y TU NIÑO INTERIOR

13 .... **161**
LA TÉCNICA ICLP (INNER CHILD LOVE PROCESS)
Ejercicios prácticos para re-conectarte
Con tu niño interior
    Que tu niño interior te diga lo que sentía 163
    Tu niño interior te ayuda
        con problemas de pareja 163
    Tu niño interior te ayuda
        con los problemas de dinero 164
    Puedes enseñarle a tener bondad
        a tu niño interior con tu sobrepeso..........................164
    Tu niño interior necesita palabras cariñosas
        y estímulo 165
    Tu niño interior necesita desarrollar paciencia 166
    Viaja a través del tiempo con tu niño interior 167

EPÍLOGO **169**
BIBLIOGRAFÍA **173**
OTRAS REFERENCIAS..**175**

Dedicatoria

Dedico este libro a mis hijos, Yanica, Lia, Zelzen, Gerson y Enoc, quienes escogieron en este tiempo y espacio ser mis maestros, amigos y compañeros de viaje. A través de ellos puedo ver la vida con una perspectiva mágica. El amor que siento al estar con ellos es indescriptible, porque han sido el conducto para que me conectara con mi niña interior de una manera celestial. Los amo eternamente, hijos míos. Son la fuerza que me impulsa a seguir adelante en cada momento de mi vida.

Agradecimientos

Hay una presencia, una inteligencia divina que llena mi alma, mi ser, mi espíritu y me fortalece cada día. ¡A esta presencia le doy gracias!

Agradezco infinitamente a mi esposo, Daniel Guzmán, ya que junto a nuestro niño interior hemos encontrado el camino de regreso al amor y a la inocencia. Con su amor incondicional tomó el papel de un espejo que me mostró el dolor que guardaba en mi subconsciente y, con su paciencia, ahora nuestra relación se vuelve cada día más santa. ¡Te amo esposo mío!

A mis padres, Ana Mercedes y Juan Antonio, por darme la vida y enseñarme tantos principios hermosos, como la caridad, la honestidad, el servicio a los demás, los cuales formaron la mujer que ahora soy. ¡Infinitas gracias!

A mis hermanos, Bety, Daysi, Mauricio, Carlos. Los quiero mucho por ser parte de mi niñez y mi vida. A todo mi árbol genealógico, ya que, entendiendo sus experiencias, ahora todo eso llega a formar parte del gran milagro que se ha realizado en mi propia vida.

Gratitud infinita a Xochitl López, mi amiga, mi hermana del alma, por soñar conmigo desde que yo tenía veintiséis años.

Juntas hemos evolucionado y ella fue quien escuchó y vio la visión al principio de mi carrera y nunca dudó, sino que me alentó continuamente. ¡Te quiero amiga!

Sobre la autora

Coach de vida. Experta en el campo de la transformación y la consciencia. Ha ayudado alrededor del mundo a miles de personas a soltar patrones no deseados, incrementar su creatividad y crear conexiones que aceleran la paz, la armonía y el éxito mediante la sanación del niño interior con su técnica ICLP. Mercedes ha sido entrevistada en varios programas de radio y televisión, como CNN, Telemundo, Univision, AIB, Televisa. Ha estado impartiendo talleres en varias partes de Estados Unidos e internacionalmente, como en España, Argentina, Chile, México, Ecuador, El Salvador. Ha recibido varios reconocimientos y ha sido invitada a dar charlas, conferencias y talleres en diferentes organizaciones y eventos: Coca Cola, New York Life, Cámaras de Comercio, Conferencia Latinoamericana de Transformación, entre otros.

Prólogo

La intención primaria de *Confesiones de tu niño interior* es estimular la necesidad del cambio en tu vida.

Es un libro hermoso, con una alta dosis de ternura, que nos lleva de la mano del niño que todos llevamos dentro, el mismo niño que —sin su consentimiento— una vez le llenaron la cabecita de prejuicios y creencias limitantes, con el supuesto fin de prepararlo para la existencia.

¡Más que sincera, es una obra valiente! Mercedes acumula todo el coraje del que dispone. Nos abre de par en par las puertas de su alma y de su corazón y echa a volar una enorme bandada de experiencias personales y familiares que le otorga al libro un apreciable valor testimonial.

Además de valiente, *Confesiones de tu niño interior* también le exige valentía a sus lectores, porque cualquier proceso de cambio, desde el más sencillo hasta el más recóndito, tiene que vencer miedos y atenuar pasiones.

¡Aceptemos la invitación de Mercedes! Viajemos hasta nuestra infancia —les aseguro que es un trayecto aleccionador— y vamos a reencontrarnos con ese niño del que muchas veces nos olvidamos y reeduquémoslo. En definitiva, su pensamiento define nuestra conducta como adultos.

Parece una trama de fantasía; pero, nada de eso. *Confesiones de tu niño interior* es una obra atractiva, sólida, bien argumentada y —repito— sincera y valiente.

¡Gracia, Mercedes! De seres como tú fluyen obras como esta.

Ismael Cala

Comentarios

Antes de conocer a Mercedes me sentía agradecida con la vida. Sin embargo, no tenía respuestas a situaciones ocurridas. Vivía con una perspectiva diferente, sabía que todo es causa-efecto y que siempre la vida es un continuo crecer y aprender en todo orden para el ser humano. Después de contratar sus servicios, ella me ayudó a conocerme más profundamente, pero definitivamente de una manera única, a poder alcanzar el conocimiento de mi ser en aquellos espacios donde mi mente consciente no lograba acceder, el poder vivir la experiencia de sanción de mi niña interior empoderó mi auto-reconocimiento, mi aceptación y mi crecimiento. Ahora me siento más presente del comportamiento de mis vínculos con mis seres queridos, más clara de las circunstancias que la vida nos va poniendo en el camino y de que todo lo vivido, como todas las personas que han llegado a mi vida, ha sucedido para elevarme. Quiero decir también que cada etapa de mi proceso de sanación fue siendo revelador y me permite, al día de hoy, decir ¡gracias, mi querida Mercedes por tu guía y por tu sabiduría!

Roxana Lingan
Psicóloga
www.talentconsulting.com.pe

Antes de conocer a Mercedes me sentía sola, derrotada, no valorada.

Ella me ayudó a verme cómo soy y a entenderme responsable de mi felicidad y mi paz interior.

Ahora me siento en paz, empoderada y agradecida de tantas cosas bellas que me regala la vida.

Adela Iturregui
Abogada
Atlanta, EE.UU.

Antes de conocer a Mercedes me sentía un robot viviendo en automático.

Después de contratar sus servicios ella me ayudó a conectar con la raíz de mi niña herida. Ahora me siento con todo el mundo por delante. Feliz de reconocer y amar a mi niña, que estaba estancada en un hueco del colegio.

Jorgelina Waldbilling
Maestra de Dios de Un Curso de Milagros
Comunicadora
Argentina

Antes de conocer a Mercedes no entendía el origen de muchos de los patrones que se repetían en mi vida. Después de contratar sus servicios, ella me ayudó a identificar y a romper los patrones a los que estaba atada. Ahora me siento en control de mi futuro, por ende, en control de mi vida.

Mariela Romero
Univision Atlanta

Antes de conocer a Mercedes me sentía con una ansiedad incontrolable y desprendido de mi persona. Después de contratar sus servicios ella me ayudó a superar mi ansiedad y me dio herramientas para poder, en un futuro, lidiar con este tipo de situación. Ahora, me siento más seguro de poder controlar mis emociones y entender mi valor como ser humano.

Hector M. Villegas
CEO M&H USA ENTERPRISE

Hace años estoy en la transformación personal y espiritual. En ese recorrido conocí un ser grandioso, Mercedes Guzmán, quien contribuyó generosamente su sabiduría y herramientas para hacerme más consciente de saber quién soy. Gracias por todo.

Noe Calvo
Argentina

Prefacio

LO QUE TU NIÑO INTERIOR TE MUESTRA

Tu niño interior es tan real y está conectado a todo y a todos.

Tu niño interior…

Te ayuda a recordar quién eres:

Tu niño interior crea desde el amor o puede crear desde el miedo y el mundo te muestra sus creaciones.

No hay edad para liberar TU niño interior, puede ser a los 10 años, a los 20 o a los 90 años.

Tu niño interior…

Puede sanar tus enfermedades al soltar tus miedos y resentimientos.

Puede ayudarte a perdonar hasta a la persona que menos lo merece.

Tiene la magia para encontrar a la pareja que tú sabes que te mereces.

> «Un ser de luz puro y perfecto».

Puede atraer el trabajo o el negocio ideal para ti.

Tiene la magia para soltar esas libras de más.

Posee la magia para que tu estima personal se aumente, para liberar tus ansiedades y miedos. Además, para dirigir el gobierno de cualquier nación.

Tu niño interior sabe crear milagros ilimitados.

A continuación, te muestro un ejemplo de un chico que pudo encontrarse con su niño interior y salir adelante al reconocer cuál era el problema y atacarlo.

Arturo era un joven de 15 años. Sus padres, desesperados, me lo trajeron para que hablara con él. Arturo, dijeron, no había pasado el noveno grado y, nuevamente, estaba dejando varias materias, lo que significaba que si seguía de esa manera iba otra vez a repetir el grado. Al hablar con Arturo pude ver a un jovencito bien educado, superinteligente, sonriente, con amor al deporte y a unos padres ejemplares, llenos de amor por su hijo. Pero la actitud de Arturo hacia los estudios era como «no me importa». No se sentía aceptado por sus compañeros y, muchas veces, hacía cosas que lo metían en problemas y esto, sin él saberlo, lo hacía para ser aceptado por los demás. En nuestras sesiones observé que él no se aceptaba a sí mismo y tenía varios complejos de inferioridad.

Cuando él tuvo la oportunidad de conectarse con su niño interior vimos que todo había comenzado a la edad de 6 años cuando sus padres, por razones familiares, tuvieron que mudarse de ciudad. Mudarse implicaba moverse a una escuela nueva, en la cual tuvo su primer problema: un niño, a la hora del almuerzo, mientras él iba caminando, lo empujó, y por la manera en que cayó se rompió su orejita. El trauma fue creado y la burla, la pena y lo que estaba pasando su familia en ese momento, le marcó de una manera dolorosa y vio a la escuela como un lugar de dolor.

Se volvió un niño rebelde y sin deseos de estudiar, prefería hacer bullying que ser víctima de eso. Esta situación sumaba al estrés de los padres, que no podían ver lo que realmente él sentía ni la decisión que tomó cuando fue tirado al piso siendo un niño.

A raíz de nuestras conversaciones le enseñé a ganar respeto por sí mismo, aplicó lo que hablamos. Decidido, y con su estima personal en alto, cambió su actitud y un par de años después su madre me comunicó que se graduó con honores. Esto lo logró porque pudo perdonar y sanar su niño de 6 años.

> «Tu niño interior es tan real con toda su inocencia, creatividad, amor propio, gozo, asombro sentido de pertenencia y belleza».

En el prefacio del libro de Anthony de Mello Awareness hay una historia que se aplica a la mayoría de nosotros en relación a lo que se nos programó como niños. Por esa razón nos cuesta aceptar nuestra grandeza y vivimos una vida mediocre, sin sentido. Al entender quiénes somos, reconectar y reprogramar nuestro niño interior podremos, sin duda, volar sin límites.

Un hombre encontró un huevo de águila, lo puso en un nido en su gallinero. El águila salió del cascarón junto con la cría de pollitos y creció con ellos. El águila creció haciendo toda su vida lo mismo que las gallinas hacían. Escarbó la tierra en busca de gusanos e insectos. Hizo los mismos sonidos de las gallinas, cacarear. Él movía sus alas y volaba unos metros arriba en el aire. Los años pasaron y el águila envejeció. Un día vio un ave suntuosa volando en el cielo azul. Se deslizaba en hermosa majestad entre las corrientes de aire de gran poder, con sus fuertes alas doradas, apenas sin mucho esfuerzo. El viejo águila vio con asombro esta ave. «¿Quién es?», preguntó». «Ese es el águila, el rey de los pájaros», dijo su vecino. Él le pertenece al cielo. Nosotros le pertenecemos a la tierra. Así que el águila vivió y murió como una gallina, lo que él pensaba y aceptó toda su vida que era.

Anthony de Mello

Como adultos, no estamos conscientes de que nuestro niño interior mora todavía en nosotros y que este aceptó ideas erradas y creó una persona de acuerdo con el ambiente en el que creció. No estar consciente de ello produce que tantos problemas emocionales nos lleven al fracaso en varias áreas de nuestra vida.

El derecho del ser humano, o sea, tú, que lees este libro, es tener todo lo que tu corazón anhela: prosperidad, salud, relaciones sanas, una vida llena de propósito. Vivir de la manera más alta y hermosa que se pueda imaginar, de acuerdo con tus más altos deseos.

Crear una vida grandiosa en todos los aspectos es posible cuando sueltas las ideas erradas que aceptaste sobre ti, sobre la vida o sobre los adultos. Ir entendiendo, observando y ser consciente de que los ciclos se repiten te confirmará que tus padres fueron también programados por sus propios padres, muchas veces peor de lo que ellos hicieron contigo.

Tu vida es un espejo, te va mostrando lo que tu subconsciente tiene que soltar. Esto que tienes que soltar, viene a ti por medio de circunstancias o experiencias que regresan y te pasan una y otra vez y dejan un sabor amargo, ya sea en relación a tus finanzas, salud, pareja, familia o tu estima personal. El hecho es que pensamos que somos adultos, pero realmente no lo somos, actuamos como niño/adulto. El verdadero poder es que tú tomes la responsabilidad de amar, que tomes la patria potestad de tu propio niño interior. Tienes que entender las ideas, creencias, paradigmas que él aceptó, las cuales fueron impuestas por la sociedad, religión, cultura o familia. Es necesario que tomes conciencia sobre cómo estas creencias dominan y controlan tus relaciones, tu salud, tu trabajo y tu vida. Si logras esto ya tienes en tus manos la opción de disfrutar de ser un adulto consciente, creativo, feliz y lleno de amor por ti mismo y por tus semejantes.

Hemos escuchado que somos los arquitectos de nuestro propio destino, que somos el arte, así como el artista. Pero ¿quién es el que realmente está creando? Carl Jung decía: «Hay alguien en mi cabeza y no soy yo».

La respuesta está en tu niño interior, programado con medias verdades y mentiras completas que hoy, en el presente, gobiernan tu vida y tú no te has preguntado, ni cuestionado la causa de tu comportamiento.

Este libro está escrito con el deseo de que encuentres las respuestas a las interrogantes de tu comportamiento. Al hacerlo, podrás perdonar, perdonarte, soltar tus miedos, creencias limitantes y vivir la vida que has anhelado y que sabes que puedes lograr, pero que no habías podido alcanzar. Así te transformarás en el buen samaritano para tu niño interior, ya que este está abandonado, golpeado en el camino y muchos pasan de largo, sin acercarse.

Hoy, acércate, levántale, cuida de sus heridas, dale de comer y asegúrate que nadie le hará daño nuevamente. Es responsabilidad de cada quién recordar quiénes somos.

Nota: Los nombres de las personas en este libro han sido cambiados para proteger su privacidad.

Esta es una obra verdadera, basada en las experiencias personales de la autora, estudios de casos y entrevistas con los relatos sobre el niño interior de distintas personas. Cualquier similitud de los nombres ficticios utilizados es pura coincidencia.

1
El reencuentro con mi niña interior

*Nuestro dolor,
nuestras heridas emocionales
están haciendo
que nos alejemos unos de otros.*

El neurocientifico Santiago Ramón y Cajal, en sus estudios, mostró cómo desde el vientre de la madre se formaban en el feto alrededor de 250 000 neuronas por minuto en el sistema nervioso. Esto indica que desde el vientre venimos programados con las emociones que la madre está sintiendo. Luego llegamos a un ambiente donde madre y padre ya han sido adoctrinados por la política, religión, paradigmas sociales y culturales.

Joe Dispenza, conferencista internacional, investigador, dijo: «Somos los creadores de nuestras realidades. El problema es que un 95 % de nuestros pensamientos inconscientes crean esa realidad. Son programas que funcionan justo debajo de nuestra conciencia y que memorizan comportamientos, pensamientos y reacciones emocionales».

Estos programas son los que crean esa química en el cerebro para cada emoción que nos hace reaccionar siempre de la misma manera. Si tu identidad es asociada a la baja autoestima, crearás eventos donde podrás comprobar que no te valoran, que no te escuchan...

Personalmente, el aceptar que **yo** era la causa de mi dolor era un concepto muy confuso, extraño y doloroso que no podía digerir tan fácilmente. ¿Cómo era posible que yo estuviera creando tanto dolor? Al ir despertando a este nuevo conocimiento comprendía que yo creaba mi realidad de dolor, ira, temor...

Luego aplicaba las técnicas aprendidas; meditaba, oraba y rogaba. Pero después, otra vez me volvía a pasar lo mismo. Entonces me desesperaba lloraba, gritaba, maldecía... porque tanto era mi dolor.

Había decidido salir adelante, entenderme, liberarme de tanta ansiedad, miedos e ira; no importaba que poco a poco iba entiendo el proceso, tenía que seguir, no había vuelta atrás. Me tomó mucho tiempo comprenderlo, pero ahora que veo hacia atrás, todo todo valió la pena y es muy claro.

Es mi intención que, con este manual de mi vida, no te lleve todo el tiempo que me tomó a mí no entender tempranamente que había una niña olvidada, abandonada, juzgada, a la que no le ponía la atención necesaria y que «ella» gritaba, maldecía y, cuando menos lo pensaba, dictaba mi realidad presente.

Quiero agregar que no estás solo en este proceso, hay mucha ayuda más allá de la que te puedes imaginar: ángeles, guías especiales, una «inteligencia divina» que te apoya en todo. Lo único es que tienes que pedirla y estar abierto al proceso, ya que ellos no pueden sobrepasar tu libre albedrío. Además, cuando te desesperes porque las cosas no están saliendo como quieres, habla con tu niño interior, porque muchas veces él está haciéndote sentir todo esto. Un niño no tiene concepto de tiempo, lo quiere todo ya mismo. Recuerda esto en tu propio proceso.

El propósito de escribir este libro es que, con mi historia, mis estudios, los estudios hechos por muchos expertos, puedas llegar a entender el origen de tus creencias que como niño aceptaste; estas creencias venían de tu ambiente, circunstancias, familia, religión, escuela... Al ir creciendo no tenías otra opción, pues en la mente del niño «los adultos eran los que más sabían». Vale aclarar que ir a tu pasado y entender a tu niño interior no representa quedarte allí o condenar a tus padres ni a las personas que te criaron, sino, por el contrario, perdonar y entender a los agresores; este proceso no es por ellos, sino enteramente para ti. Debes guiar a tu niño interior de una manera amorosa, a su inocencia, y volver al amor, ya que es de donde venimos.

Estas creencias sobre ti mismo, el dinero, las relaciones, la vida, la muerte, reprogramaron tu subconsciente. Cuando entiendes el origen de tus programaciones, de lo que te pasó, de una manera consciente, este conocimiento te lleva a enseñar, a entrenar a este niño interior con las diferentes técnicas que tú, como adulto, has aprendido, para que sueltes y sanes eso programado que te produce tanto dolor, problemas o inseguridades y luego vivir la vida que sí te

pertenece desde el adulto consciente e inteligente en el que te has convertido.

¿CÓMO ENTRO EN EL CAMINO DEL NIÑO INTERIOR?

Todo comenzó alrededor de 1997, cuando la compañía donde trabajaba mi esposo, temporalmente, nos movió por trabajo a Beaumont, Texas. Acababa de nacer mi cuarto hijo, mis padres por primera vez pudieron entrar a Estados Unidos, pues no tenían visa para viajar y tuvimos que solicitar desde aquí sus visas de residentes. Fue así que, antes de que naciera mi hermoso hijo, Gerson Abrael, vinieron mis padres a vivir con nosotros en un apartamento rentado de tres habitaciones, en un área no muy bonita de la ciudad.

Me casé en mi país, El Salvador, con Daniel, un tejano de Corpus Christi. Lo conocí porque llegó con una compañía de Texas a reconstruir la embajada americana, la cual fue dañada por un terremoto en 1986.

Ellos buscaban una secretaria ejecutiva y fue así que nos conocimos. Él era mi jefe, un hombre muy bueno, joven, de 29 años. Nos enamoramos, nos casamos, vivimos un par de años en El Salvador y luego, en 1991, nos mudamos a Estados Unidos. Para ese entonces estaba embarazada de siete meses de mi primera hija. Nunca antes había salido de mi país a vivir a otro lugar, aunque venía legalmente me pegó fuerte vivir el sentimiento de ser inmigrante.

Experimenté confusión al venir a vivir a una tierra totalmente diferente en muchos aspectos al de mi pequeño país, El Salvador. Sin mi familia a quien acudir en los momentos complejos, tuve que aprender a ser madre, ama de casa, esposa, manejar en calles tan grandes y aprender un idioma nuevo. Sí, esto es una bendición, pero cuando estás emocionalmente inestable puede causar mucha ansiedad y tristeza.

Durante dos años viví una angustia muy aguda y mi deseo interno era regresar a mi país. Tenía un pie en Estados Unidos y el otro en El Salvador, con un sentimiento de inestabilidad y mucho resentimiento hacia mi esposo, porque «no me entendía».

Hasta que un día, después de dos años con este sentimiento de depresión, leí algo que tocó mi ser y me dije: «Tengo que cambiar, no puedo seguir así».

La frase era: «Si piensas que ya viviste lo mejor de tu vida, ya lo viviste».

Yo sabía que todavía me faltaba lograr vivir muchas cosas, fue así que tomé la decisión de enfocarme en donde estaba y seguir adelante. Este proceso no fue fácil, pero cuando me comprometo a algo, lo hago con todo mi ser.

Para el tiempo en el que mis padres llegaron a Estados Unidos ya habían pasado varios años de aprendizaje y adaptación, ya que tres de mis hijos habían nacido; leía muchos libros de cómo ser una mejor madre y me mantenía ocupada. Cuando ellos llegaron algo muy incómodo y frustrante me sucedió. Sentía tanto enojo e ira hacia mi madre que, inconscientemente, se lo transmitía a mis hijos. Cuando no sabía cómo solucionar un problema o qué hacer con mis pequeños, les gritaba, golpeaba, me volvía iracunda y después me sentía culpable, mal conmigo misma y muy desesperada.

Luego me di cuenta de que esto se había agudizado cuando mis padres llegaron; sin embargo, yo ya vivía este círculo de dolor antes de que ellos llegaran, lo que pasaba era que no era tan evidente para mí.

Posteriormente, justificaba mi comportamiento con decir que estaba cansada, que los niños no obedecían o que ellos o mi esposo, eran el problema. También decía que eran mis nervios, culpaba a mi esposo por no ayudar o por no decir lo que pensaba. En ese entonces, la mayor de mis hijos tenía solamente cinco años.

Observaba en ese entonces que si mi madre se quejaba de algunos de mis hijos me irritaba fácilmente, frente a ella agarraba al niño y le daba unas nalgadas. Luego le gritaba a mi madre, «¿¡Ya estás satisfecha!?». La ira que sentía era ilógica, era como si quisiera castigar a mi madre por algo que no podía entender. Esto me producía más culpa, desesperación y angustia.

Fue entonces que empecé a pedir ayuda al universo. Recuerdo que en ese tiempo asistíamos a la iglesia mormona y allí, en silencio, sintiéndome un fracaso, con una culpa que me ahogaba, yo pedía a Dios que me ayudara, ya que llegué a detestarme, a odiarme de alguna manera, por el dolor que, sin querer, infringía a mis niños, a mi esposo, a mí misma y a mi madre, pero no sabía cómo parar, era como si algo se apoderaba de mí y solamente reaccionaba fuera de control.

Por otro lado, mi padre había sufrido una enfermedad cerebral y quedó incapacitado. Él solamente dormía, comía, iba al baño, se bañaba y mi madre lo atendía.

El padre con el que crecí se había marchado. Aquel hombre feliz, compasivo, lleno de optimismo, había desaparecido. La enfermedad en su cerebro apagó su mente. Lo único que sentía era mucha lástima por él.

«Pide y se te dará», dicen los libros sagrados. Con esto en mente pregunté a muchas personas si conocían a alguien que me ayudara con mi «problema de nervios».

Una hermana de la iglesia me refirió a un señor llamado Juan de Dios. Él era un hispano que hacía «regresiones a la niñez», un concepto que activó mi curiosidad, me pareció superinteresante y fui a verle.

En mi ser yo sabía que era algo psicológico por lo que estaba pasando. Lo que sucedió después de estos tres encuentros con Juan de Dios fue lo que transformó mi vida y, por esas sesiones de regresión a mi niñez, hoy ayudo a miles de personas alrededor del mundo a sanar su niño interior.

Tomé los datos de Juan de Dios, me dijeron que él recibía a las personas en su casa. Le comenté a mi esposo y decidimos ir a verle. Mi esposo y yo llegamos a su casa, un ambiente tranquilo, una casa sencilla, un señor muy amable que te hacía sentir en paz. Platicamos un rato sobre cómo él había comenzado a hacer lo que hacía, nos encantó su manera tan relajada de ver la vida.

Luego nos condujo a su oficina que estaba en el piso superior de la casa. Recuerdo que allí se desarrolló este diálogo:

—Hola Mercedes, ¿cómo puedo ayudarte?

—Siento que son mis nervios —le respondí, tratando de darle sentido a lo que me pasaba —. Es que me enojo fácilmente con mis hijos, les grito, los castigo y no quiero hacerlo, pero automáticamente lo hago y me siento muy mal conmigo misma.

1 EL REENCUENTRO CON MI NIÑA INTERIOR

—Vamos a explorar qué pasó en tu niñez y determinar qué está provocando este estrés en tu vida presente. Cierra tus ojos, respira profundo varias veces y llévame a la primera imagen que recuerdes de tu madre.

—Tengo 3 años —le respondí—. Estoy jugando en el piso con mi hermanita, mi madre está parada de espalda, mirando a la calle.

—¿Esta imagen es blanco y negro o a color?

—En blanco y negro — afirmé.

Este fue el comienzo de la reconexión con mi niña interior. Las memorias que fluyeron en mi mente de mi niñez fueron memorias muy tristes. Había gritos, soledad, palizas, miedo, pobreza, frases dirigidas a mí por mi madre que constantemente me decía: «¡Qué malcriada eres! ¡Qué hipócrita, metida, mentirosa, no agradeces!».

Memorias de pobreza al ver los muebles que teníamos, la ropa que usábamos. Veía a mi madre siempre enferma y enojada con mi padre o con la vida.

Tenía sentimientos de culpa y vergüenza porque a mis pequeños 10 años sufrí abuso sexual por parte de una muchacha a la que mi madre le había dado trabajo y que se quedaba en la casa, dormía conmigo y me tocaba.

En mi mente yo era la culpable de lo que me había sucedido por haber experimentado sensaciones «indebidas». Nunca imaginé que toda la locura, la desesperación que estaba pasando en el presente, hubiera tenido su origen en mi niñez. Era tan surreal lo que estaba pasando que me sentía sin fuerzas, humillada, enojada y totalmente desconectada.

Estas regresiones a mi niñez me hicieron ver que, sin saber, quien criaba a mis hijos, reaccionaba, gritaba y pegaba, era la niña de 10 o 14 años que había guardado en su cuerpo emocional memorias de tanto dolor que ahora, al ser mamá y tener que convivir con mi madre en el mismo techo, después de tantos años de estar separadas, disparaban en mí todo lo guardado en mi subconsciente.

Regresé dos veces más a ver a Juan de Dios y cada vez me quedaba más asombrada de todo lo que mi alma recordaba y liberaba en relación a lo que había vivido en mi infancia.

Estudios demuestran que el noventa por ciento del cerebro de un niño se desarrolla en los primeros seis años; estos primeros años de vida son esenciales para el desarrollo de la forma en que el niño piensa, siente, se comporta e interactúa con los demás.

Thurman Fleet creó la figura de la mente en 1940 y dijo que la mente está divida en dos: consciente y subconsciente. Ahora, el biólogo Bruce Lipton asegura que los neurocientíficos han comprobado que la conciencia no se desarrolla hasta los 6 años y que el cerebro en los niños está en una frecuencia llamada Theta, una frecuencia hipnótica.

Es decir, un niño de 6 años no tiene el poder de analizar que «lo que está pasando entre papá y mamá me está afectando», sino que lo guarda en el subconsciente. Es como una cámara que graba todo, asegura Lipton.

DE REGRESO A LA INFANCIA
Durante mis primeros cinco años de vida pasaron muchas cosas en mi familia. Mis padres eran pequeños comerciantes, como se les llama a las personas que trabajan en el mercado. Por su crianza, tenían una mentalidad de pobreza. No les permitieron asistir a la escuela y fueron criados por padres que tampoco asistieron a la escuela. Al no tener una educación didacta, sin poder leer ni escribir bien, batallaban para proveer y mantener a la familia.

Los estudios demuestran que los niños que reciben cuidado infantil de calidad tienen habilidades lingüísticas más avanzadas, se desempeñan mejor en la escuela, tienen menos problemas de conducta y mejor desarrollo social. Datos dados a conocer por First 5 LA.

Durante mis primeros tres años de vida, por la pobreza mental de mis padres y sus limitaciones, vivíamos en lo que en mi país llaman «mesones» o casas para gente muy pobre, donde los inodoros se ubican en el exterior y son de uso de todas las personas que hacen vida en la casa. Fue en este lugar donde había niños mayores que abusaban sexualmente de niños pequeños como nosotros, que apenas teníamos entre 3 y 5 años. Mi madre, con tantos pequeños, había abierto una tienda donde vendía arroz, frijoles y azúcar para proveer algo para los gastos, no podía observarnos todo el tiempo en el patio, que era un lugar común. Mientras ella estaba ocupada era cuando sucedían estos abusos.

Mi padre, desde el comienzo del matrimonio, empezó a tomar alcohol y peleaba constantemente con mi madre, hasta el punto de que mi madre se fue de la casa estando embarazada de la primera bebé, la cual nació prematura y murió. La segunda vez se fue con mi hermana de meses. Al irse de la casa la primera vez buscó apoyo en sus padres, pero estos no la ayudaron. Al verse sola, regresó a vivir con mi padre nuevamente. Mi madre tuvo seis hijos, la primera y la última murieron, pero en cuatro años y medio habíamos nacido cuatro más: dos mujeres y dos hombres. Yo era la segunda. Mi padre no le permitía usar anticonceptivos por las creencias machistas. Así fue como cada nueve o diez meses nacía otro bebé.

Por los problemas de dinero y por no poder mantener una familia tan grande, mis padres decidieron irse a vivir con mi abuela materna, la abuela María, una mujer criada en el campo, sin saber leer o escribir. Ella quedó viuda de mi abuelo y nunca se volvió a casar. María, por su manera de ser, no quería mucho a mi madre, y mi madre, con una actitud muy fuerte y de dolor, le demostraba que tampoco la quería. Había rivalidad entre ellas al principio. Al final de los días de mi abuela llegó a amar mucho a mi madre, pero en mis primeros cinco años de vida lo que pude sentir era solamente enojo e ira entre las dos.

MI NIÑA INTERIOR Y LAS PROSTITUTAS

La casa de mi abuela, a donde fuimos a vivir, quedaba en una esquina en una vía donde transitaban muchos carros; una zona donde había muchas casas de prostitución, así como negocios. Mi madre, una mujer criada por mis abuelos que fueron comerciantes y creció en el mercado, con necesidad y mente de comerciante, vio una oportunidad de abrir una «tiendita» para proveer una entrada de dinero a la familia. Decidió vender cosas necesarias, como leche, pan, frijoles, arroz y dulces.

«Las mujeres de la vida alegre», como les decía mi abuela, las prostitutas, llegaban a comprar a la tienda y recuerdo cómo mi abuela agarraba una vara o palo y hacía, sin que ellas vieran, como que les iba a pinchar las nalgas, ya que usaban vestidos bien cortitos.

Todo esto lo recuerdo claramente, como si fuera ayer. Mi mente, recuerdo, se hacía tantas preguntas como: ¿quiénes son esas mujeres?, ¿qué hacen, por qué usan tanto maquillaje y vestidos tan cortos?, ¿por qué mi abuela tiene esa sonrisa rara cuando ellas llegan?

Muchas veces deseé entrar en una de esas casas y ver lo que había adentro, ya que siempre me ha encantado saber más allá de lo que ven mis ojos, y a mis 5 años no era diferente. Interesantemente, todas esas preguntas fueron contestadas, ya que ahora en mi carrera profesional he ayudado a muchas prostitutas que me han encontrado a salirse de esa vida.

Como en todas las épocas del ser humano, se considera a las personas que toman como profesión la prostitución como gente denigrante y se vuelve un tema tabú, lo que niega y oculta su existencia. No se les da estudio, no se trata de entender el porqué de la vida de estas mujeres, sino que es preferible no abordar el tema abiertamente. Se considera algo vulgar y, por consiguiente, se mantiene todo en secreto.

Lo interesante es que esto pasa todo el tiempo. Si realmente se les educara e informara a las personas sobre este mundo en el que viven muchas mujeres, serían más compasivos porque, como todos, ellas son seres humanos: niños interiores programados, abusados que no ven la opción de hacer dinero de otra manera y entran en este estilo de vida.

Mi familia no era la diferencia, aun viviendo diariamente en medio de ellas. Esto era un tema que se mantenía al margen de todas las conversaciones, pero las creencias y paradigmas sobre esta vida de prostitución permanecían en la mente de los adultos, y para muchos hombres asistir a estos lugares era parte de sus vidas secretas.

A mis 5 años de edad no entendía qué pasaba, pero asumía que era algo raro y que no se podía hablar claramente del asunto, sino entre dientes.

MI NIÑA INTERIOR Y LA EXCLUSIÓN

En la casa de mi abuela también vivían otros primos, hijos de un medio hermano de mi papá. Estos eran jóvenes ya mayores, es decir, vivíamos alrededor de diez personas en una casa de tres cuartos y un baño. Ya te imaginarás el sentimiento de exclusión que se respiraba en el ambiente. Viviendo en lugares que no eran nuestra casa, yo aceptaba, inconscientemente, que no pertenecía ahí. Un sentimiento que muchas personas abrigan y que no se toman un momento para preguntarse de dónde lo aceptaron.

Una de las primeras memorias fue que, en ese tiempo, a mis 5 años, mi hermana y yo queríamos huir de la casa. Recuerdo que escondimos una caja de cartón debajo del ropero; mi mente me decía que íbamos a poner ropita ahí para luego tomar esta caja y huir.

> «Muchas veces lo que cuenta no es lo que te pasó realmente, sino cómo tu niño interior interpretó lo que le estaba pasando».

Yo ahora le pregunto a mi hermana si se acuerda y ella dice que no. Pero mi madre cuenta una historia en la que mi hermana, a la edad de 4 años, un día en el mesón, cuando mi madre no vio, me tomó de la mano y caminó conmigo unas cuadras por calles bien transitadas y llegamos a donde estaba mi abuela; yo tenía solamente 3 años. O sea, esto me dice del estrés que se vivía en la casa y cómo deseábamos calmar ese sentimiento huyendo.

Sé que esto fue real para mí y que pasó, porque eso mismo hice yo inconscientemente con mis hijos. Les dije expresiones a mis niños de 5 y 6 años como: «Vete de la casa, si no quieres obedecer, váyase a ver quién le quiere; los voy a llevar a una familia que los termine de criar». Si ciertas frases no fueron implantadas en tu niñez es bien difícil que las repitas, estas frases a mí me salían todo el tiempo cuando llegaba el estrés.

En tu niñez tuvo que pasar algo similar o peor. Por ser un niño y no entender el concepto, lo que haces es guardar estas memorias que luego tendrán que salir en algún momento en tu vida y, tristemente, estas se manifiestan con tus propios hijos o tu pareja.

«**El subconsciente** repetirá de una manera similar experiencias en la vida del adulto, ciertos eventos que provocaron un choque emocional en el niño».

Por alguna razón, hay un recuerdo en el que me veo sentada en la mesa con todos mis hermanitos y en mi mente de niña está pasando un sentimiento bien claro: «Los adultos en la casa nos quieren envenenar». Lo que sentía era que estorbábamos y no nos querían, porque molestábamos. Hoy sé que ese sentimiento se debía a la inseguridad que mi madre tenía en una casa que no era de ella, con tantos niños pequeños y con toda la ignorancia sobre cómo hacerlo mejor. Esta vida que tenía mi madre constantemente la volcaba en regaños y maltratos a nosotros, sus hijos, y luego mi abuela, a la vez que nos corregía con mucho enojo e ignorancia. Pero un niño no entiende esto, sino que simplemente lo guarda.

Quiero decir que sí hay algunas memorias bonitas de esa época, y lo importante es mantener esas memorias. Entendí, con todo el estudio que he hecho, que lo significativo es soltar las experiencias dolorosas para poder vivir una vida llena de paz, ya que el dolor opaca las cosas bellas que pasaron.

MI NIÑA INTERIOR Y SU PADRE

Dos meses antes de casarse con mi madre, mi padre fue apresado por la guardia nacional, supuestamente por robar vacas, lo cual no era verdad. Fue torturado de una manera brutal por los guardias; le pusieron una bolsa llena de cal en la cabeza al punto de su desmayo para que confesara.

Los hermanos de mi padre lograron rescatarlo de las manos de esta organización que quebraba todos los derechos humanos posibles. Al salir de esta tragedia su mente no quedó clara. Pensábamos que esto le provocó el comienzo de una esquizofrenia.

> «Hay una creencia de que no hay que explicarles a los niños lo que pasa, porque se asume que lo niños no entienden. Algo totalmente falso».

No saber lo que le estaba pasando a mi padre producía muchos pleitos entre mi madre y él. Mi padre trataba por todos los medios de crear un negocio; como no lograba establecerlo, se le terminaba el dinero y empezaba a pedir prestado todo el tiempo. Alguien le prestó dinero para comprar un cerdo. Recuerdo que una madrugada mataron al cerdo en el patio grande de la casa de mi abuela para luego ir a vender la carne al mercado. También recuerdo la sensación de que no importaba qué tanto mi papá hiciera, no ajustaba el dinero y mi madre siempre estaba enojada por ello. Cuando se mataban estos cerdos en la casa se escuchaban ruidos raros. Un día desperté y fui a ver. La sensación que se respiraba en el aire, que ahora puedo explicar, era «esto es ilegal, no le digas a nadie». Hay sitios municipales donde se hace este tipo de trabajo, pero cuando la gente no tiene una consciencia de abundancia hace estas transacciones ilegales para evadir el costo extra.

Luego nos levantaban temprano y nos llevaban a la guardería El Hogar del Niño, un lugar para niños con bajos recursos donde nos dejaban gran parte del día. Recuerdo que no me gustaba ir, yo lloraba mucho, pero al llegar allí, nos recibía una señora muy amable llamada Juanita. El sabor y olor de los frijolitos y huevitos picados del desayuno quedaron en mi memoria, ya que eran muy deliciosos y eso me calmaba.

Nos enseñaban algunas cosas y luego nos ponían a dormir en el suelo. Muchas veces nos llenamos de piojos. Fue aquí donde mi padre se dio cuenta de que, al pasar a *kindergarten*, podía enviarnos a una de las mejores escuelas de monjas, la Escuela Santa Sofía, donde nos podían recibir aun siendo hijos de padres de bajos recursos. Mi padre quiso que fuéramos a la escuela e hizo todo lo posible para que tuviéramos una buena educación, ya que él no tuvo esa suerte.

LA RELIGIÓN Y MI NIÑA INTERIOR

En ese tiempo que vivimos con mi abuela fue que aprendí a temer a Dios, ya que todo era «Dios te va a castigar». Mi abuela tenía un altar con todos los santos que ella adoraba y si se le perdía cualquier cosa se arrodillaba y, en voz alta, pedía a San Antonio que le encontrara lo que se le había perdido. Muchas veces gritaba, feliz, que gracias a San Antonio bendito había encontrado la peineta que alguien le había robado o que ella no sabía dónde la había perdido. Entonces, asocié que hay un poder mayor que te ayuda o te castiga, dependiendo de cómo te has portado.

Mi abuela no confiaba en nadie. Pensaba que mis primos le robaban y eso era constante, fue entonces que aprendí a no confiar en nadie. En mi vida de adulta empecé a hacer lo mismo, no confiaba en dejar mi cartera por ningún lado o con nadie, siempre temía que me fueran a robar. Ahora entiendo dónde se programó todo ello.

El paradigma de la religión es aprendido por el niño en sus primeros años de vida. Si los padres son católicos, pentecostales, mormones, testigos de Jehová, musulmanes... Usualmente eso es lo que seguirá de adulto y aunque, conscientemente, sienta que esta religión ya no lo llena y quiera salirse de la creencia de sus padres, esto le provocará una ansiedad por el sentimiento de culpa por abandonar una creencia que ha sido implantada en su subconsciente. Esto hace que para el adulto no sea fácil salirse de la religión de sus padres. Es por eso que muchos se inclinan al vicio o realizan actos muy autodestructivos, cuando «se salen del camino».

SANTA CLAUS Y MI NIÑA INTERIOR
A mis cinco años me di cuenta de que Santa Claus era malo, ya que yo me portaba bien y nunca me dejaba nada bueno para Navidad. Mi mente recuerda un 24 de diciembre en particular. Recuerdo que le pedí a mi prima, que tenía como unos 15 años, que me ayudara a hacerle una carta a Santa Claus. En la carta pedía una muñeca hermosa con un vestido de novia, junto a su novio. Al día siguiente, lo que encontré fue una muñeca plástica que ni los ojos movía. Era lo que con

unas pocas monedas mi prima pudo comprar para que al menos tuviera algo. En mi mente de niña que no entendía, y con ese resentimiento, me volví rebelde y grosera, porque daba lo mismo qué bien o qué mal me portara ni a Santa Claus le importaba. Esto aceptado por una niña de tan corta edad va creando una baja autoestima.

LA MUERTE Y MI NIÑA INTERIOR
A mis 5 años aprendí sobre la muerte de maneras tristes y trágicas. La primera muerte fue la de la última bebé que tuvo mi madre. A ella la dejaron en el hospital y mi padre trajo la bebé muerta a la casa para enterrarla en una ceremonia muy reducida.

Nosotros éramos pequeños y nadie nos explicó nada. La segunda muerte sucedió cuando ya había comenzado la guerra en mi país y había estado de sitio por los enfrentamientos entre los guerrilleros y el ejército. Recuerdo claramente que una mañana una persona de estas que iba al lugar de prostitución, que quedaba a dos casas de donde vivíamos, amaneció muerto tirado en la calle.

Por la falta de educación, los adultos creían que los niños no entendían y nunca daban explicaciones.

A todo lo que veías le tenías que dar sentido de alguna manera. Para mí era «miedo a la muerte»; aún tengo muy

presente cómo un grupo de personas se acercó a ver al muerto y allí quedó todo.

Las preguntas sobre ¿qué pasaba después?, ¿a dónde se iba el cuerpo?, ¿a dónde se iba el alma?, no se decían, solo en cuentos de miedos que contaban los adultos para calmarte si estabas llorando. Por ejemplo, nos decían: «Cállate que te va a venir a llevar la muerte», «Cállate o el gato te va comer la lengua», o escuchábamos las leyendas de la «carreta bruja» o «el cipitio». Te educaban en miedo, repitiendo lo mismo que les hicieron a ellos.

Por la misma época, un niño de nuestra edad, entre los 4 o 6 años, atravesó la calle y un carro lo atropelló. Mi madre empezó a gritar tan desesperada que tuvieron que auxiliarla, porque pensó que era uno de nosotros. Pero nadie me dijo a mí qué estaba pasando y quedé traumatizada por ver cómo la vida se iba en un segundo.

LA VERGÜENZA, LA CULPA Y MI NIÑA INTERIOR
Cuando cumplí 6 años me encontraron una hernia y fui operada en el hospital para personas de bajos recursos. Como era una niña sonriente con ojos verdes y pelo rubio fui bien atendida por las enfermeras, aquí supe que si eres amable te aceptan y te cuidan. Me sacaron a las dos semanas y no podía caminar. Recuerdo a mi papá que me había cargado en sus brazos para subirnos al bus, ya que mi padre nunca aprendió a manejar un auto y tampoco lo tenía. Sentí tanta

pena de que la gente viera a mi papá cargándome. Sentía que eso no era bueno, que ya era grande y ¿cómo alguien puede hacer eso por ti? Este es un sentimiento que padecen muchos niños: «El sentimiento de no merecer».

Al llegar a la casa mi abuela estaba feliz de que yo regresara. Pero luego de eso tengo recuerdos de peleas con mi abuela, pues a lo mejor me trataba de pegar o regañar y yo no me dejaba.

También recuerdo cómo yo arañaba sin necesidad a alguna compañerita de mi clase. Ahora entiendo que me volví agresiva por todo el enojo que se vivía en la casa. No entender lo que estaba pasando se manifestaba en agresión a los demás. Fue entonces que empecé a recibir palizas más frecuentes de mi madre, ya que no me dejaba agarrar y eso la frustraba más; al saber que no me podía controlar me golpeaba o castigaba más. Creando más vergüenza y culpa en mi subconsciente.

«El dolor emocional en un niño le vuelve agresivo o retraído».

LAS BRUJAS Y MI NIÑA INTERIOR

En ese tiempo aprendí que «hay brujas que le hacen mal a la gente». Eso decían, pero no explicaban, solamente mencionaban que esta señora que se llamaba «Vieja Aida» nos había embrujado. En este tiempo se empezó a vivir un fenómeno en la casa.

Esta señora, años después, me di cuenta, le había hecho «brujería» a la casa por pleitos entre mi abuela y ella, y por eso yo recuerdo cómo se escuchaban ruidos en la noche, le pegaban a las puertas, se escuchaban pasos, se veían luces por todos lados y era una época de mucho miedo, pero por la ignorancia de los adultos pensaban que los niños no entendían y no explicaban qué pasaba, ya que ni ellos sabían. Esto creó en mí un sentimiento de que «otros te hacen mal, los otros tienen la culpa de tu problema, no tienes control de ello, ni lo puedes evitar».

Para callarnos cuando llorábamos mencionaban que la carreta bruja iba a venir a llevarte o el gato te iba a comer la lengua.

Hay estudios que demuestran que cuando el niño no entiende lo que está pasando en el hogar guarda toda esta energía en su cuerpo emocional. El maestro espiritual Eckhart Tolle le llama a esto «el cuerpo dolor».

Así queda este miedo acumulado en lo que yo le llamo «el niño interior». Produce un miedo infundado en ciertas experiencias que lo vuelven un adulto ignorante de sus paranoias e inseguridades.

Mis padres estaban cansados de vivir con mi abuela, pero sin poder salirse de la casa. Mi abuela decidió vender la casa, mi padre sintió que era tiempo de irnos a vivir solos. Con una pequeña cantidad de dinero que mi abuela le había dado a mi padre por ayudarle a vender la casa, mis padres lograron comprar una casita en una colonia, lejos de donde mi abuela compró su otra casa. Con muy pocas cosas nos fuimos a vivir a esta casita muy humilde que constaba de un baño, dos cuartos, una cocina, sala y comedor.

Ya para ese entonces mis hermanos y yo habíamos hecho la transición de la guardería para el *kindergarten*: la Escuela Santa Sofía. Esto representaba que crecería con una excelente educación escolar. Ese regalo fue de mi padre, porque él sí deseaba que nosotros nos educáramos. Al contrario, mi madre no pensaba así, pero apoyó a mi padre.

2
La mente subconsciente - Tu niño interior

Hay una mente común que abarca a todos los seres humanos.

Ralph W. Emerson

Los Kahunas, sacerdotes de Hawaii, creían que el «yo» básico o «niño interior» era la sede de la memoria, lo que llamamos «mente subconsciente».

¿Qué es la mente subconsciente? Es la parte de la mente que ha recibido las órdenes y actúa automáticamente, inadvertidamente, sin darse cuenta y en general no depende de la voluntad. Si está programada negativamente, puede llevar a acciones dañinas o peligrosas, sin tener en cuenta las consecuencias, ni los riesgos. Es aquí donde radican todos los paradigmas, toda una gama de creencias aceptadas por tu niño interior. Esto crea una vida prestada, no vives tu vida, ya que una gran mayoría, solamente son ciclos que inconscientemente vienes cargando de tus padres, abuelos o familia que influyó en tu crianza.

El psiquiatra infantil británico D.W. Winnicott afirma que en nuestra niñez «pasaron cosas que no debieron pasar y cosas que debieron pasar, no pasaron». La primera es el abuso, abandonos y toda clase de secretos que se dieron. La segunda es que, a esos niños que no fueron abusados, se les dio casa y comida, pero el padre amoroso no estuvo presente debido al estrés y a las demandas de la sociedad. Es lo que se llama abandono próximo.

En la Universidad de Harvard han estudiado personas violentas y han comprobado que los más violentos fueron víctimas en su niñez de una manera tal que la dureza de su situación no se puede describir con palabras. Así se ha llegado a entender que la violencia no es universal, se aprende. Tu corazón y tu cerebro guardan esta información y esto como es energía guardada, tiene que salir en su momento.

Rollin McCraty, director del Instituto de Investigación HeartMath dijo:

> Considera el increíble corazón humano, este órgano que bombea a lo largo de nuestros cuerpos en un horario preciso, sangre oxigenada, rica en nutrientes. Ahora los investigadores están aprendiendo que esta maravillosa máquina, del tamaño de un puño y que pesa un promedio menos de 10 onzas, también posee un nivel de inteligencia que solo se está comenzando a entender. La evidencia muestra que el corazón también juega un papel más importante en nuestros procesos mentales, emocionales y físicos del que se pensaba.

Además, agrega que «el corazón es un órgano sensorial y actúa como una codificación de información sofisticada y centro de procesamiento que le permite aprender, recordar y tomar decisiones funcionales independientes».

Mi pregunta es: ¿sobre la base de qué programación el corazón actúa como un codificador de información?

Realmente es nuestro niño interior el que está mandando esta información, pues las memorias primarias se quedan guardadas en la amígdala que forma parte del llamado cerebro profundo, ese donde predominan las emociones básicas tales como la rabia o el miedo, también el instinto de supervivencia. Esta se encuentra en la profundidad de los lóbulos temporales, formando parte del sistema límbico y procesando todo lo relativo a nuestras reacciones emocionales. Ella es la responsable de que podamos escapar de situaciones de riesgo o peligro, pero ella también es la que nos obliga a recordar nuestros traumas infantiles y todo aquello que nos ha hecho sufrir en algún momento.

El físico Gabor Maté expresa que hay estudios que muestran que los niños adoptados desde el nacimiento, aun cuando sus padres no les han mencionado que son adoptados y les han dado una crianza de mucho amor, al ser jóvenes mostrarán en su comportamiento sentimientos de abandono y rechazo. Las memorias que el niño experimentó quedan guardadas en la mente subconsciente y estas tienen que salir en forma de mal carácter, problemas sociales, baja autoestima, enfermedad, problemas con el dinero, problemas de pareja, sobrepeso...

El mismo doctor Gabor menciona que tocar a los bebés es de suprema importancia para el desarrollo del cerebro y muchos de nosotros fuimos dejados en las cunas, llorando, ya que nuestros padres pensaban que malcriarían a sus niños si los levantaban. Es lo opuesto a lo que se debe hacer con los niños. Todas estas memorias de abandono y rechazo son recolectadas y guardadas en lo que se le llama la «memoria implícita» o cuerpo emocional.

LA VIDA SE RIGE POR LEYES Y PRINCIPIOS
En el universo no existe el favoritismo. La vida no es cuestión de predestinación o mala suerte. La clave del éxito de cada ser humano reside en su propio pensamiento, el cual opera por una norma inalterable: la ley de causa y efecto o ley de la atracción.

El pensamiento da origen al sentimiento, el sentimiento crea nuestras emociones y nuestras emociones moldean nuestra realidad. La ley de causa y efecto siempre trabaja, no tiene favoritismo. Cuando un niño ha sido programado negativamente se convertirá en un adulto con problemas en ciertas áreas de su vida y por esta ley, la vida que creará desde esas programaciones estará muchas veces llena de experiencias de dolor, pobreza, baja autoestima o relaciones traumáticas. Todo es manejado desde y por la mente subconsciente o tu niño interior.

A raíz de las regresiones a la niñez que tuve con Juan de Dios me di a la tarea de estudiar la mente. Mi esposo me inscribió en un club de libros y me enviaban uno cada mes. Empecé a estudiar libros de psicología, meditación, filosofía, superación personal y diferentes caminos espirituales. Incluso mi oración era: «Divina presencia envíame los libros que necesito leer para acceder al conocimiento que existe, pero que yo no tengo ni idea de dónde está».

Wayne Dyer y Deepak Chopra fueron dos de los autores que aparecieron primeramente en mi vida. Leía sus libros todo el tiempo. Esto me ayudó como adulta a ir despertando, y la explicación que leía en estos libros sobre principios claros, sobre cómo trabaja la mente, me iban dando las técnicas necesarias para liberar acumulación de dolor guardado. Aun con todo este estudio, mi niña interior no tenía prioridad en mi vida. Fue años más tarde que empecé a ser el «buen samaritano de mi niña interior» y comencé a sanar mis heridas más profundas.

Uno a uno los libros se dejaron ver. Muchas veces saltaban de los estantes de una librería, otros llegaban por medio de una persona, otros me encontraban de maneras milagrosas. Yo estaba con tanta sed de conocimiento que leía hasta el cansancio. Uno de los libros que me abrió los ojos de una manera profunda fue *Principios Básicos de la Ciencia de la Mente*, de Frederick Bailes. Este libro me dio muchas bases para utilizar el poder para sanarme y sanar a mis hijos física y espiritualmente. A raíz de este libro y de aplicar sus enseñanzas logré sanarme con pura energía y he logrado no ir a doctores desde hace muchos años y también no llevar a mis hijos a pediatras. Esta es mi historia personal y no estoy aconsejando que no visites los doctores o sugiriendo que ellos no saben.

A raíz de tanto estudio, poco a poco fui entendiendo y dándome cuenta de que alguien en mí que no era «yo» tomaba decisiones automáticamente y no me dejaba actuar de la manera que conscientemente yo deseaba. Mi más ardiente deseo era ser una buena madre, una buena esposa, una buena hija y, sin embargo, sentía que estaba fallando en cada área de mi vida.

Paso a paso y con mucha paciencia seguí leyendo, deseando encontrar una píldora mágica que sanara mi locura. Pero tenía que pasar por muchas caídas y levantadas, estudio y aplicación antes de entender completamente que «caminar» apenas había comenzado, pero que no estaba sola y que era mi niña interior la que necesitaba de todo mi amor.

3
Mi niña interior a sus siete años

Atender al niño interior permite sanar la herida fundamental de nuestra personalidad y nos da una mayor capacidad y fuerza para amar.

Marie-Lise Labonté

Al entrar a mis 7 años las cosas fueron mejorando. Movernos a nuestra propia casa fue el comienzo de una mejor vida. Mi vecina tenía una hija que asistía a la misma escuela de monjas que yo y tenía la misma edad. Como era una colonia, vivíamos en el pasaje Los Laureles, una callecita donde no pasaban carros, eso nos permitía jugar en la calle. Algo que con mi abuela no podíamos hacer ya que era una avenida y con los prostíbulos por todos lados no era seguro que los niños estuvieran en la calle.

Mis padres tenían que ir al mercado todos los días, eso significaba que nos teníamos que levantar temprano y caminar junto a mi madre a la escuela. La hora de entrada era a las 7:30 de la mañana y teníamos que estar en punto, sino te ponían en el patio por media hora al rayo del sol. Este viaje a la escuela tardaba unos treinta minutos de caminata, la mayoría de las calles eran de tierra, llevábamos un trapo para limpiar los zapatos, pues en la escuela de monjas había reglas estrictas sobre cómo los zapatos tenían que estar limpios. Yo amaba la escuela y la educación.

A las 12:30 del mediodía, al finalizar la escuela, el próximo paso era ir caminando hacia el mercado, para ayudar a mi madre en el negocio de venta de comida.

Después de trabajar, lavando trastos y limpiando, salíamos a las 4:00 de la tarde, caminábamos de regreso a la casa, hacíamos las tareas y jugábamos un rato. La rutina era la misma al día siguiente.

La escuela era un lugar limpio con excelentes maestras. Pero por hablar mucho siempre estaba en problemas o en la lista negra, lo que me producía angustia porque había aceptado que era «malcriada y preguntona». Ahora que doy conferencias y soy *coach*, me doy cuenta de que era uno de mis dones, pero que molestaba a las maestras porque no me quedaba callada y ellas no podían dirigir esta energía por la falta de conocimiento en el tema.

Ya a la edad de 7 años el niño muestra lo que ha aceptado en sus primeros cinco años de vida. Si el niño aceptó que «no se merece nada», por su creencia empezará a atraer maestros y compañeros que reforzarán este pensamiento. Por ejemplo, si una mamá lleva un pastel a la escuela para celebrarle el cumpleaños a su niño y cuando toca el turno para recibir tu parte del pastel ya no hay pastel, el niño que tiene este tipo de programaciones dirá «no me lo merezco», asumirá que eso fue lo que pasó. Un niño que no tiene esta creencia sobre sí mismo dirá «se acabó» y no lo tomará de manera personal.

Bruce Lipton, un biólogo muy reconocido por sus estudios y aplicación de lo aprendido a su vida, explicó que la ciencia muestra cómo el cerebro recibe las órdenes por medio de nuestros pensamientos y sentimientos, pero que estos están influenciados en un 95 % por el subconsciente, regido por todas esas programaciones aceptadas al ir creciendo. Luego, el ser humano solamente actúa conscientemente en un 5 %. Aquí es donde están nuestros deseos de adultos: perder de peso, encontrar una pareja, ser mejor madre, ser mejor alumna, escribir un libro, ser buena hija. Pero que al final no se logran y el ciclo de frustración se hace más presente cada vez.

Sin darnos cuenta, el niño interior toma control y es por esa razón que muchas veces nos preguntamos: ¿por qué dije eso, si realmente no era mi intención decirlo?, ¿por qué lo volví a hacer, si ya me había prometido no hacerlo? Aquí se agrupan todas esas personas que prometen «no volverlo a hacer». Muchas de ellas se hicieron adictas al alcohol, las drogas, el sexo o la comida. Se arriesgan con esta clase de experiencias a perder su familia, negocios o trabajo.

La razón es que, sin darnos cuenta, todas las programaciones que aceptamos en nuestra niñez son las que gobiernan las decisiones importantes en nuestra vida. Algunos afirman que el niño interior herido se une a tu ego o a tu «sombra», y es así que vemos cómo pastores, dirigentes de iglesias, personas del gobierno, maestros de escuelas que condenan la homosexualidad, la infidelidad o el abuso de niños, por ejemplo, se ven expuestos en las noticias porque los encontraron haciendo aquello mismo que estaban condenando.

Sin saber, repetimos ciclos hasta que ya, cansados de estar cansados, buscamos ayuda y de alguna manera sanamos aquellas heridas emocionales que quedaron abiertas.

La neurociencia muestra cómo el cerebro de un niño de 0 a 6 años no ha desarrollado la consciencia, que se aloja en la parte frontal del cerebro y la frecuencia que se maneja en esos primeros años en el cerebro es llamada *Theta*, o sea, un estado hipnótico. Lo que significa que todo se queda grabado en el subconsciente sin que el niño pueda hacer nada por evitarlo, al no entender su realidad de dolor, simplemente guarda todas estas memorias, «olvidando» lo sucedido. Pero sabemos ahora que tarde o temprano el subconsciente sacará este dolor en las relaciones del adulto.

Ahora, la física cuántica nos muestra que el pensamiento es energía y sabemos por la física que la energía no puede ser destruida, solo transformada. Esto que vivimos en la niñez no se destruye, se guarda y eventualmente tiene que salir. Se nos ha enseñado a crecer, volvernos adultos responsables y muchos pensamos que lo hemos logrado. Adoptamos posiciones de poder; hay ejecutivos, políticos, actores, cantantes, doctores, personas religiosas que dan todo tipo de respuestas y llevan a cabo grandes empresas. Pero cuando se llega a su vida vemos niños traumatizados, tiranos, controladores, abusadores, adictos al sexo, comida, drogas, que pretenden que tienen su vida controlada, pero están quebrados por dentro y al no saber, por tanto, infringen y proyectan en otros su dolor, causando traumas en los seres que dicen amar.

El caso más extremo y paradigmático es el de Hitler. Su infancia fue dolorosa, transcurrió en medio del autoritarismo y dureza de su padre Alois, un agente de aduanas exitoso pero cruel y violento. Su dolor y trauma por lo que vivió de niño lo llevó a matar a miles de judíos. Solo recordar todo el daño indescriptible que este hombre creó desde su niño interior herido no tiene respuesta.

Mi madre tuvo una niñez muy dura. Mi abuelo, cuando mi abuela quedó embarazada de mi madre, le dijo que no era de él y la humilló varias veces. Al nacer la niña, mi abuelo la negó y no le dio cariño. Más tarde se dio cuenta de que mi madre tenía muchas similitudes con él, como lunares, gestos, y partes del cuerpo, y finalmente la aceptó. En la familia de mi madre fueron ocho hijos, criados en una pobreza extrema. Mi abuelo era un tirano, les pegaba, los intimidaba y mi abuela no se metía por miedo. Mis abuelos no tuvieron la oportunidad de ir a la escuela, ya que sus padres no creían en la educación secular. Pero mi abuelo era muy inteligente y aprendió a leer y escribir de manera autodidacta. Luego les enseñó a sus hijos con violencia, dureza y crueldad cuando no entendían lo que él explicaba.

Mi madre, la quinta hija, absorbió la dureza de mi abuelo. Esto se reflejó cuando se casó y tuvo a sus cuatro hijos. Nunca nos abrazó y su estrés era tal que parecía que estorbábamos, gritando y castigando severamente nuestro comportamiento de niños. Ella no pudo por falta de conocimiento quebrar esos ciclos con los cuales fue criada. Interesantemente siempre mostró mucha compasión con personas fuera de nosotros y fue así que adoptó a una niña de 10 años que vivía en el vecindario, una amiguita nuestra. Su madre tuvo que moverse a un lugar donde no había luz ni agua. Al ver esta situación, le rogamos a nuestra madre que la niña pudiera vivir con nosotros. Mi madre aceptó por nuestros ruegos y por la situación de la niña. Habló con la madre y así acordaron que la niña viviera con nosotros. Cuando yo tenía 9 años, ella pasó a ser nuestra quinta hermana. Hasta el día de hoy la considero mi hermana querida.

PATRONES DE CONDUCTA CREADOS PARA SOBREVIVIR
Para seguir viviendo en un mundo que no tiene sentido, los niños crean patrones de conducta y así de alguna manera cubrir y sobrevivir el dolor en el que viven. Es por eso que muchos niños se ríen todo el tiempo, aun cuando les están castigando o humillando.

Muchos les llaman a estos niños payasos, incluso por sus propios padres o personas que les están criando. Uno de estos ejemplos es el famoso autor Jim Carrey que ha contado su historia que vivió de niño y cómo el «ser payaso» le ayudó afrontar su niñez.

Otros empiezan a mentir constantemente, se les olvidan las cosas fácilmente, roban, se vuelven niños enfermos, tiranos. Los que tienen mayores problemas son los que se vuelven sumisos. Estos están más expuestos a predadores sexuales, personas tiranas e incluso, son los que los maestros en las escuelas, se aprovechan para regañar y maltratar más.

4
Pérdida de la memoria y tu niño interior

Lo que dejamos atrás y lo que tenemos por delante no son nada comparado con lo que llevamos dentro.

Ralph Waldo Emerson

Una de las cosas que me pasaron entre los 5 y los 10 años de edad fue que utilicé un «mecanismo de defensa». Empecé a olvidar ciertas situaciones. De un año para otro muchas veces no recordaba quiénes habían sido mis compañeras de escuela, y era bien incómodo cuando venían a mí mis compañeras y me hablaban como si fuéramos amigas y yo pensaba: «¿Fue mi compañera el año pasado o la conozco de otra manera?». Otra situación era que nunca guardaba rencor, ya que se me olvidaba qué era lo que me habían hecho, entonces, me decía que yo perdonaba fácilmente. Esto se fue haciendo cada vez más notorio.

Si el adulto no está consciente de ello empieza a decir: «Se me olvidan las cosas», «Estoy perdiendo la memoria». No se da cuenta de que esto ya le pasaba en su niñez. Sin saber, sigue reprogramando el subconsciente y eventualmente estas personas sufren de demencia o si el dolor no ha sido trabajado llegan hasta tener Alzheimer.

El subconsciente no cuestiona, simplemente es programado por el consciente. Pero ¿quién sigue programando el subconsciente? TU NIÑO INTERIOR HERIDO.

Sin saber, yo había aceptado que «me iba a volver loca» porque mi abuela paterna con la que vivimos cuando yo tenía

9 años perdió la razón y se volvió como una niña buscando a su madre. Mi padre, siguiendo el ciclo de su madre, perdió la razón también.

Mediante la restauración de mi niña interior me di cuenta de lo que había aceptado y por el poder de la intención cancelé esta orden que le había dado a mi subconsciente.

El niño, al no entender su entorno, piensa que «él o ella es culpable o responsable de la ignorancia con que está siendo criado o criada». El niño comienza a sentir enojo interno y al no poder expresar lo que siente, su baja estima personal llega a niveles tan drásticos que muchos jóvenes desean quitarse la vida o huir.

En mi caso, recuerdo haber insultado mentalmente a mi madre y sentir rabia por los castigos infundados que se nos daban. Llegué a no llorar más cuando me castigaban, me paraba firme y me prometía mentalmente no llorar, repitiendo: «Péguenme, pero no voy a llorar». Era mi manera de castigar a mi madre, que no me viera llorar; luego me iba a mi cuarto o a seguir haciendo lo que se me pedía hacer, pero con una actitud de tristeza y desesperanza.

Esta conducta de «no sentir» hace que bloquees también el gozo, es como poner anestesia en el corazón. Por eso es que muchas personas mayores caminan con una joroba en su espalda, ya que desde pequeños empezaron a cerrar este centro energético tan valioso, su corazón y van cargando su dolor a cuesta.

Mi padre, por el contrario, era un hombre más tranquilo, no le gustaba castigarnos mucho, pero mi madre le exigía que lo hiciera. Él había sufrido tantos golpes por su madre que no quería hacer lo mismo con nosotros, aunque no sabía cómo parar el ciclo. Él fue un niño «obediente» y tuvo que seguir el ciclo, casándose con mi madre que siempre lo vio como alguien que no proveía y lo castigaba emocionalmente. Él, por la culpa que sentía desde niño «por no hacer bien las cosas», perpetuó el ciclo de: «No soy suficiente»; «No me merezco», «Castígame».

5
Bendecir o maldecir & Tu niño interior

Cuando honramos los sentimientos de nuestro niño interior, liberamos los dolores emocionales que todavía estamos llevando subconscientemente.

Patricia Hope

Las creencias que tienen los padres sobre cómo criar a sus hijos suman más conflictos, ya que miles de padres nunca se preguntan: «¿Por qué siempre pienso que se van a enfermar o pienso en enfermedades?», «¿Por qué me preocupo y pienso que solo lo peor va a pasar?», «¿Por qué estoy haciendo esto con mis hijos?», «¿Por qué reacciono de esta manera, aun cuando no quiero hacerlo?», «¿Por qué digo NO todo el tiempo?», «¿Por qué me mantengo enojado/a, frustrado/a o enfermo/a?».

Sin saber, lo que hacen la mayoría de los padres es pasar las mismas cadenas que ellos recibieron de sus padres; a través de la soledad, abandono, abuso verbal y físico, desconsideraciones. Crían hijos programados para luego echarles la culpa cuando estos están en problemas. Sin darse cuenta, estos padres, de manera inconsciente y pensando todo el tiempo en problemas, renegando, maldiciendo, utilizan el poder de creación de la mente para crear lo peor.

Siempre están pensando que les va a pasar algo malo a sus hijos. Cuando los hijos no obedecen, en su desesperación, piensan o verbalizan que irán a parar en prisión e inconscientemente envían a sus hijos a la cárcel o se imaginan que van a tener accidentes y por ese PODER MENTAL QUE EJERCEN

DE PADRES crean estos eventos en lo físico para luego seguir el ciclo de dolor.

Una paciente vino a verme, pues su vida era un martirio en todos los aspectos. Cuando fuimos a ver a su niña interior, ella era la única mujer entre cuatro hermanos varones y recuerda que una noche, cuando tenía 8 años, escuchó cómo su madre le gritaba a su padre: «Tu hija va a ser maldita por lo que tú me haces a mí». Y luego, por la infidelidad de su padre, su madre se volvió dura con ella. Este evento estaba muy guardado en su subconsciente, olvidado. Pero, silenciosamente, esa niña aceptaba que le sucedieran cosas negativas en su vida, por esta maldición arrojada por su progenitora en su niñez.

De una manera muy amorosa, soltamos esa «maldición de su madre», bendijimos con amor y le dijimos que no fue su culpa, y que la reacción de su madre no tenía nada que ver con ella. Me ha comentado que, desde ese día, ha estado hablando con su niña y le está enseñando todo lo que ella ha aprendido como adulta. Siente mucha paz y está viendo resultados positivos en su vida.

Vemos también jovencitos buscando el afecto paterno o materno, buscando en su pareja eso que sus padres no pudieron darles y se vuelven sexualmente activos. Estos, al no poder darles ese afecto que necesitaban de niños, los abandonan, algunos les abusan y luego ellos queriendo calmar su dolor se vuelven a las drogas o alcohol. Y el ciclo se repite.

La mente tiene el poder de crear salud o enfermedad; como puede crear felicidad, puede crear tristeza, riqueza o pobreza. Sin reconocer este poder que cada ser humano posee, lo que logramos es ir pasando inconscientemente de generación tras generación los mismos patrones. No vamos a negar el hecho de que hubo cosas hermosas que viviste al ir creciendo y que todo te ha ayudado a ser el ser humano quien eres hoy. Pero...

> «No se puede realmente sanar sino pasas por el dolor, entenderlo, sanarlo y luego soltarlo».

Entender lo que te pasó en tu niñez le da la oportunidad a tu niño interior a tener voz, y que sepa que lo que pasó no fue su culpa, no fue su responsabilidad. Aprendes a amar esa parte en ti y no la niegas causando más progreso en todas las áreas de tu vida.

6
No fue tu culpa, nunca lo fue

*La culpa representa la muerte igual
que el amor representa a la vida.
La culpa es parte del yo más pequeño y subyace
a nuestra voluntad de creer en cosas negativas
sobre nosotros mismos.*
David Hawkins

*E*ntonces, ¿qué es eso que me hace sentir siempre con culpa, si no he hecho nada de lo que me pueda sentir culpable? ¡Vamos a explorar!

Hacía varios sábados y domingos que mi madre no quería llevarnos a todos al mercado, ya que cuidar cuatro niños en el ambiente del mercado, por ser tan pequeños, era más trabajo para mi madre, del trabajo que pudiéramos ofrecer en el negocio. Lo más conveniente era dejarnos solos encerrados en la casa. Yo era la segunda, tenía alrededor de 7 o 9 años cuando esto sucedió. Mi madre nos asignaba tareas como barrer, trapear, lavar trastos, lavar calcetines o ropa interior. Por ser niños, eso era lo que menos queríamos realizar primero y utilizábamos el tiempo para hacer travesuras. En ese tiempo no había televisión o teléfono en la casa. San Miguel es una zona muy caliente y dormía bastante, recuerdo que algunas veces me dormía y quería despertar, pero no podía porque mi cuerpo flotaba. Es tan vago lo que recuerdo, es como si esa parte de mi cerebro se hubiera borrado.

Como todo niño creativo y al pasar tantas horas solos en la casa, nos vino la curiosidad sobre cómo lograr escaparnos y por dónde hacerlo. Pues dejaban con llave la puerta del frente y no podíamos abrir. Así que subimos paredes, nos subimos al techo, pero llegó el día en el que pudimos abrir la puerta del frente, andar en la calle y luego, cuando sabíamos que iban a regresar del mercado, cerrábamos la puerta como si nada hubiera pasado. Por ser niños no hacíamos bien el trabajo de la casa y muchas veces se nos olvidaba hacer las tareas encomendadas. Mi madre llegaba cansada, estresada y como siempre, eso era motivo de regaños y correazos.

Un niño no entiende a los adultos y asume que ellos no se equivocan. Mi sentimiento de culpa iba creciendo, primero por no obedecer, pero también porque ocultábamos que habíamos aprendido cómo salirnos a la calle sin que ellos lo supieran. Llegó el día que descubrieron que nos salíamos, fue muy doloroso el castigo. Aun cuando dejar niños solos está penado por la ley, en mí se programó: «Fue tu culpa».

Mis 10 años fueron pasando y recuerdo sentir mucha tristeza, rechazo por mí misma y mucha culpa. La mayoría de los niños a esta edad empiezan a crear sus propias creencias sobre el dinero, las relaciones, la salud, sienten desprecio por sí mismos, y es aquí cuando muchos han tomado la decisión de salir adelante, pero lo hacen desde el dolor y el miedo. Luego logran grandes cosas en la vida, pero su vida emocional se ve afectada y lo podemos ver en grandes cantantes que terminan quitándose la vida o provocándose la muerte debido a ritmos de vida desenfrenados: Whitney Houston, Michael Jackson, Elvis Presley, para mencionar unos pocos.

Esta fue una época en la que mi madre ayudaba a jóvenes de menos recursos que nosotros a vivir en la casa para que ayudaran en el mercado. Por no tener suficiente espacio para dormir, asignaban ya sea a mí o a mi hermana a dormir en la misma cama. Fue aquí donde esta joven tocaba mi cuerpo en la noche.

Recuerdo que me quedaba quieta, pero mi cuerpo empezó a tener sensaciones y eso lo guardé muy en secreto, pensando que había sido mi culpa por haber sentido «eso» que no sabía qué era. Más culpa se fue acumulando en mi subconsciente.

Pero ¿qué es la culpa? Muchos autores coinciden en definir la culpa como un afecto doloroso que surge de la creencia o sensación de haber traspasado las normas éticas personales o sociales especialmente si se ha perjudicado a alguien. El niño no entiende que no es su culpa cuando contesta grosero o hace cosas «indebidas». Porque su dolor es tan grande que simplemente refleja lo que los padres o quienes le cuidan, le han enseñado o mostrado a través del mal ejemplo. Entonces la culpa es nada más que pura inconsciencia e ignorancia. Es un ciclo del que cuesta salir, ya que viene de generación en generación y no podemos quedarnos en culpar a nuestros padres o quienes nos cuidaron, pues ellos venían programados igual o peor. Es como decir: ¿qué fue primero la gallina o el huevo?

Por mi experiencia me he dado cuenta de que en la niñez sentiste culpa y esto te llevó a la vergüenza, haciendo que lo ocurrido aumentara tu dolor y malestar emocional. La vergüenza y la culpa crean una condición perfecta para la autodestrucción. Y es aquí donde comienza la depresión y una gama de problemas emocionales para muchos.

Entretanto que la culpa aparece ante el supuesto dolor por el daño causado, la vergüenza se experimenta cuando aceptamos con el poco conocimiento que hemos adquirido en la edad temprana, que fue nuestra la culpa de no haber desarrollado una habilidad o capacidad que se presumía deberíamos tener ya a esa edad. Un ejemplo claro es cuando el niño derrama la leche o el jugo, y sus padres exageran este evento haciéndole creer al niño que es torpe. Cuando el niño apenas está empezando a usar sus habilidades motoras cometerá errores hasta aprender.

En su libro *Dejar Ir, el Camino de la Entrega*, el Dr. David Hawkins habla sobre la culpa de esta manera. Él dice:

> Una forma particular de miedo es lo que llamamos culpa. La culpa está siempre asociada a una sensación de injusticia y castigo potencial, ya sea real o una fantasía. Si el castigo no se recibe en el mundo exterior, se expresa como autocastigo a nivel emocional. La culpa acompaña todas las emociones negativas y, así, donde hay

miedo, hay culpa. Si piensas en un pensamiento culpable y tienes a alguien para probar su fortaleza muscular, verá que el músculo se debilita al instante. Sus hemisferios cerebrales se han desincronizado y todos tus meridianos energéticos se han desequilibrado. La naturaleza, por tanto, dice que la culpa es destructiva.

No eres lo que piensas que eres, no eres tu culpa. Al nacer vienes a un mundo que ha sido programado y condicionado por los prejuicios o ignorancia de nuestros antepasados. Desde que naces ya eres la suma de lo que escuchaste desde el vientre. Allí estuviste presente asimilando las conversaciones que hablaban con tanto ahínco tus padres, tus abuelos… Además, aceptando las emociones de culpa, miedo, tristeza que experimentaba tu madre.

Naces y empiezan a llenar tu cabeza con frases como: «Cuidado, te vas a caer», «No», «No contestes, malcriado», «Ponte los zapatos, te vas a resfriar», «Si sigues llorando te va a comer el gato» o «Te voy a pegar si sigues llorando», «Hay gente mala, no confíes en extraños», «No hay dinero, el dinero se acaba», «Estudia y gradúate para que valgas y vivas bien…».

Creces en medio de un conglomerado de ideas, culpas y como eres un pequeño, donde tu cerebro frontal no ha sido desarrollado para decidir qué aceptar o no aceptar, te vuelves

alguien quien realmente NO ERES, sino que tu mente está llena de voces, las cuales piensas que son tuyas, pero fueron las ideas de alguien más.

Recuerdo una clienta, la cual me contaba, que aun a sus 62 años recuerda una frase que le decía su madre cuando ella ya no quería comer más: «Come todo lo que está en tu plato, ya que hay niños muriendo de hambre y tú no agradeces». Ella me decía que, hasta ese momento, le costaba no comerse lo que estaba en su plato, aun cuando ya estaba saciada; sentía culpa y esto la había llevado al sobrepeso; a pesar de que sabía que no tenía que hacerlo, lo hacía. Hablando con ella reconoció que esa no era una creencia personal, sino impuesta por su madre, y a su vez que a lo mejor le fue impuesta por su abuela.

El Dr. Hawkins reafirma: «El noventa y nueve por ciento de la culpa no tiene nada que ver con la realidad. De hecho, las personas más piadosas, mansas y sencillas están a menudo llenas de culpa».

Se nos educó para sentir culpa, miedo, ansiedad. La palabra educar viene del latín *ex ducere*, que significa «sacar, sacar de adentro», ¿sacar de dónde y sacar qué?

Lo que menos aprendiste cuando entraste a la escuela es que todo el conocimiento que necesitas está dentro de ti; que si aprendes a estudiar tu ser te darás cuenta de que todo lo que deseas ya está, simplemente tienes que preguntar, luego callar, y sacarás del interior todo eso que te favorece: valores, amor, paz, virtudes, voluntad, autodominio, generosidad y demás. ¡Qué hermoso hubiera sido que nos enseñaran esto en la escuela!, pero no, hasta en los centros educativos solo nos llenaron la cabeza de datos e información y culpa. Esto no es suficiente para hacer crecer a un adulto saludable.

Haber aceptado todo esto sin cuestionar ha hecho que muchos pierdan el sabor a la vida. En referencia a la educación, a muchos les dijeron: «Estudia y tendrás un buen trabajo». Y ahora vemos las calles llenas de gente estudiada con títulos, pero sin trabajo o con trabajo y con un sentimiento de vacío muy grande. Con esto no se dice que el estudio secular no beneficia, al contrario, enriquece, pero el estudio del *ser* enaltece.

El Dr. Hawkins nos habla de la culpa y sus efectos. La culpa, él menciona:

> ...es tan frecuente como el miedo, y nos sentimos culpables sin importar lo que estemos haciendo. Nos hace entender que es una conversación, ya que una parte de nuestra mente dice que realmente deberíamos estar haciendo otra cosa. O, lo que en realidad estamos haciendo en este momento, deberíamos estar haciéndolo "mejor". Nosotros "deberíamos" estar obteniendo una mejor

puntuación en el golf. Nosotros "deberíamos" estar leyendo un libro en lugar de ver la televisión. Hacer mejor el amor. Cocinar mejor. Correr más rápido. Crecer más alto. Ser más fuertes. Ser más inteligentes. Ser más educados. Entre el miedo a la vida y el miedo a la muerte está la culpa del momento. Tratamos de escapar de la culpa permaneciendo inconscientes a ella mediante la supresión, la represión, proyectándola en los demás, y escapando.

La humanidad está despertando, muchos se sienten cansados de las mismas creencias y ahora se hacen preguntas diferentes, esto se deja escuchar cada vez más en los jóvenes que cuestionan: «¿De qué me va a servir esta información?», «¿Para qué tengo que estudiar esto?».

Una nueva consciencia está naciendo y cada día más y más la gente está llegando a entender que somos seres con poderes ilimitados, que tenemos la capacidad de crear situaciones favorables, que con solo cambiar nuestros pensamientos, soltar la culpa, estos procesos cambian nuestra actitud, cambian nuestras acciones y al seguir aplicando este concepto, cambiamos la dirección de nuestras vidas y el sentimiento de culpa va desvaneciendo.

Es por eso que tienes que observar la culpa, ya que esta siempre está presente. Si permaneces inconsciente, este sentimiento gobernará tu realidad y la paz que te pertenece se verá comprometida todo el tiempo.

Hoy existen muchas técnicas y libros que nos ayudan a entender la culpa. Ya no hay excusa para mantener este sentimiento y vivir una vida a medias.

Me encanta cómo el Dr. Hawkins nos hace reflexionar con ciertas preguntas. ¿Cuál es la verdad acerca de este viaje? La verdad real es que a medida que avancemos dentro de nosotros, sanando nuestro niño interior, y descartemos una ilusión tras otra, una mentira tras otra, un programa negativo tras otro, la carga se vuelve más ligera. La consciencia de la presencia del amor se vuelve más fuerte. Nos sentiremos más libres. La vida se vive con menor esfuerzo. Cada gran maestro desde el principio de los tiempos ha dicho que hay que observar el interior y encontrar la verdad, porque «la verdad de lo que realmente somos nos hará libres».

Personalmente, tuve que hacer ese proceso con mi niña interior; han sido horas y horas, por espacio de muchos años, de depurar, reprogramar, reafirmarme a mí misma que «nada de lo que pasó, tenía que ver conmigo y no fue mi culpa». Ahora, mi niña sabe perfectamente que siempre fue inocente. Este sentimiento hoy por hoy me hace una adulta más presente, con más claridad para conducir mi vida y por consiguiente con mucha más paz interior.

Ya es el momento que tomes a tu niño interior en tus brazos y le ayudes a soltar todas esas culpas y vergüenzas acumuladas que ha llevado a sus espaldas a través del tiempo, dejarle saber a tu niño interior que ya puede descansar. Enseñarle y reprogramarle, hasta que acepte que nada de lo que pasó fue su culpa y restaurarle su inocencia perdida con el amor incondicional que tú le darás día con día.

7

Tu niño interior y el dinero

*Tu niño interior tiene el poder
de generar pobreza, riqueza.
Aborrecer o amar el dinero.
Sentir culpa por tenerlo,
o tenerlo y no poder disfrutarlo.*

¿Quieres ganar más dinero, pero tienes miedo porque crees que no te lo mereces?

¿No perseveras en tus esfuerzos o los boicoteas?

¿El dinero no te rinde?

¿Estás endeudado?

¿Todo lo que inicias se cae, se retrasa, te roban, te defraudan?

¿Tienes dinero, pero sientes rechazo o ignoras su poder?

¿Decides gastar el dinero en cosas y llenar ese vacío que sientes cuando estás nervioso o te sientes solo?

Todas estas características son un claro ejemplo de que debes SANAR TU NIÑO INTERIOR.

Vale mencionar que no importa si tu familia tuvo dinero o no. La relación que tendrás con esta energía hermosa se verá afectada o bendecida por la manera cómo tus padres administraron sus bienes, negocios y el dinero en general.

No podemos cegarnos y pensar que nuestro niño interior no tiene nada que ver en cómo estamos administrando el dinero en el presente. Puede ser también que tu relación con el dinero sea de odio-amor, desprecio, maldición o simplemente ignorarle.

Mi relación con el dinero al ir creciendo era de escasez, la frase constante que decían mis padres era «no hay dinero». No importaba qué tanto veía trabajar a mis padres, su frustración y pleitos por la falta de dinero era evidente.

Desde pequeña aprendí que había ricos y pobres, y lo visible era que nosotros éramos pobres. Esta diferencia la sentí al entrar a *kindergarten* a la escuela Santa Sofía, donde las familias que tenían recursos económicos inscribían a sus hijas, y nosotros, de padres pobres, que generosamente las monjas aceptaban, podíamos experimentar la diferencia.

En esta escuela fui expuesta a este mundo donde mis compañeras hablaban de lo que Santa Claus les había traído para Navidad, y con la inocencia de niña me preguntaba; «¿Y a mí por qué Santa Claus no me deja nada?». Los niños no entienden de finanzas, simplemente sienten que algo tiene que estar mal con ellos para no recibir lo que otros niños tienen. Este era realmente un mundo al cual no pertenecía y no entendía.

Lo interesante era que, en el mercado, mi madre vendía comida, refrescos y el dinero se mantenía en algo que se ponían las mujeres alrededor de la cintura, llamado delantal. Yo me ponía uno y mientas íbamos vendiendo yo colectaba el dinero. Al final de la jornada, se contaba lo recaudado y yo veía cuánto capital salía del delantal. Luego escuchaba a mi madre decir: «Hoy estuvieron mal las ventas, no hay dinero para esto o aquello». Sin saberlo, mi madre utilizaba la ley de causa y efecto, el poder de la palabra, creando la noción de que el dinero no alcanzaba.

Estas frases se fueron grabando en mi mente y cuando crecí, aunque mi esposo ganaba un buen sueldo, mi mente estaba programada a decir: «No hay dinero, no alcanza para nada». Me tomó años y mucha pobreza mental con mucho dolor, soltar esta programación. Me perdí de tener cosas hermosas y ahorrar, por no entender lo que había aceptado en mi niñez. Y que, sin saber mi niña interior, en el presente gobernaba mis finanzas.

Otra cosa que me programó dolorosa y profundamente fue que mi padre, por el incidente que ya he relatado, en el que la guardia de mi país lo torturó por un delito que él no había cometido, empezó a mostrar síntomas de inestabilidad mental. Uno de los rasgos es que la persona que no está bien mentalmente no puede administrar el dinero y mi padre siempre estaba pidiendo préstamos a usureros o personas que cobraban un alto porcentaje por el dinero prestado.

Muchas veces se atrasaba y no cumplía con las fechas de pago y mi madre tenía que cancelar sus deudas. Era doloroso ver cómo él hacía lo que fuera necesario: vendía en las calles billetes de lotería, compraba y vendía frijoles y luego, cuando ya no pudo más, vino a ayudarle a mi madre en el puesto del mercado, haciendo comida junto a ella. Aquí fue cuando vimos más pleitos entre ellos.

En mi práctica de *coach* uno a uno he encontrado interesante la dinámica que manejamos en relación al dinero, no importa si fuiste pobre o rico al crecer.

A continuación, comparto varias de ellas (los nombres de las personas han sido cambiados por su seguridad. Los resultados se deben al compromiso y la dedicación que la persona ha mostrado en el proceso de conectarse con su niño interior).

CASO I
Lorena, una mujer de 60 años, muy exitosa, con varios negocios bien establecidos y de mucha prosperidad, con una vida que muchos podrían decir: «Ella es millonaria, qué suerte la que tiene», vino a verme y me dijo:

«Mercedes, quiero saber por qué, aun cuando puedo tener todas las vacaciones que quiera, me siento culpable de hacerlo y mejor envío a mis hijos a Roma, París, con todo pagado, pero si es para mí, me cuesta hacerlo y realmente no entiendo la razón».

Cuando fuimos a su niñez, pudo recordar que su padre, un hombre con varios negocios de éxito en el pueblo, muy respetado, al cual ella amaba y admiraba mucho, compró un televisor para el negocio principal y uno para la casa, algo que la mayoría de las personas en esa época y donde ellos vivían, no podían hacer.

Lo que notó en esta regresión a la niñez fue que su papá llegaba a la casa siempre cargando cosas para comer, trayendo lo mejor y más rico a la casa, pero luego repetía y se quejaba todas las veces que podía: «¡Cuánto trabajo y no tengo tiempo de descansar, siempre trabajo y trabajo y no queda espacio para unas vacaciones!».

Lorena disfrutaba lo que su papá traía para ellos, pero luego escuchaba a su padre repetir esto la mayoría del tiempo y aceptó inconscientemente este mandato. Cuando creció, llegó a ser exitosa como su padre y más, pero a la niña interna le quedó la programación de «no hay tiempo para unas vacaciones ya que hay que trabajar y trabajar». Ella logró hablar con su niña interior y le explicó que papá no entendía que podía hacerlo, pero que escogía quejarse y ella como no tenía poder de discernir, había aceptado lo mismo, aunque ahora ella le iba a enseñar a su niña interior que ella tenía el derecho y la libertad de disfrutar todo el trabajo que había logrado con su inteligencia. Fue un proceso que le tomó un tiempo en ser constante en reprogramar su subconsciente y, finalmente, experimentar las vacaciones merecidas, pero sin culpa y sabiendo que todo iba a estar bien a su regreso.

Incluso en las cosas que a veces pensamos que no tienen una explicación, si te das permiso de escuchar a tu niño interior, entenderás que la vida que llevas es prestada y no tiene nada que ver contigo, sino solo un reflejo de las programaciones que escuchaste de tus padres, las cuales no estaban fundadas, ya que muchas veces venían de sus propios padres y ellos nunca se dieron cuenta.

CASO II
Camila era una joven emprendedora y llena de vida. Estableció e invirtió en su propio negocio de consultoría después de estudiar su carrera de Administración de Empresas. La razón por la que vino a verme fue que, no importaba qué técnicas utilizara para atraer clientes, su éxito era mínimo y no podía lograr sus sueños, como comprarse su propio carro nuevo. Al ir a su niñez, nos dimos cuenta de que su padre, un hombre muy adinerado, miembro del mejor club de su ciudad, era un déspota. Ella creció con mucho miedo a su alrededor y aunque había abundancia, su niña interior había aceptado que «es mejor no tener dinero, ya que te volverás déspota como tu padre».

Utilizando la técnica ICLP, hablamos con su niña interior, le hicimos ver que papá había sufrido mucho cuando él era un niño porque había crecido sin dinero (información que ella proveyó en la sesión) y que, por esa falta, había creado una imagen falsa de sí mismo y se había vuelto un hombre sin consciencia, pero que eso no tenía nada que ver con ella y el dinero. Este paradigma olvidado, sin que ella se diera cuenta, estaba bloqueando su carrera en el presente. Hace unos meses volvió a verme y me contó con mucho gozo que su clientela había aumentado en un 80 %, y que ya había recibido su primer pago de 10 mil dólares.

CASO III

Maritza, una mujer muy dedicada, con gran inteligencia para los negocios, logró abrir en una calle principal de su ciudad una joyería que por muchos años fue todo un éxito. Sin embargo, pasaba un fenómeno, su joyería tuvo una gran cantidad de asaltos que eventualmente ya su seguro no le cubría, lo perdió todo y tuvo que cerrar la joyería. Era una mujer adulta que se sentía perdida, ya que no entendía qué más podía hacer para salir adelante, y no quería ser carga para sus hijos. Lo interesante es que esto ya le había pasado con otros negocios y no entendía cómo se había repetido.

Cuando vino a verme, se le podía ver el dolor y la falta de fe, pero se dio el permiso de conectarse con su niña interior. Al ir a su niñez, pudo observar cómo su padre, un hombre luchador, invertía y creaba negocios para luego perderlo todo, ya sea por socios que le robaban o porque el negocio no daba para más. Lo interesante que notó fue que alrededor de la misma edad que ella tenía en el presente, 60 años, su padre tuvo la última racha de mala suerte, donde ladrones le dejaron sin nada en su negocio. Finalmente, él se decepcionó de la vida y no quiso seguir más, desarrolló una amnesia y se dejó morir.

Cuando ella vino a verme, su padre había fallecido hacía diez años, o sea que todo esto estaba en el olvido. En las sucesivas entrevistas descubrió que estaba repitiendo el mismo ciclo que su padre y que si no hablaba con su niña interior, lo que le esperaba era desarrollar algún tipo de enfermedad y morir.

Fue hermoso utilizar la técnica ICLP y hablar con su niña interior, explicarle que ella ahora podía crear su propia vida y no tenía que vivir lo mismo que su papá, que ahora ella podía utilizar toda esta inteligencia y crear la vida que ella quisiera. Maritza sabía que iba a ser todo un proceso, pero estaba confiada de que lo lograría. Sintió mucha gratitud, pues la presencia de su padre se hizo sentir, como dándole la bendición de seguir adelante y de vivir la vida que le pertenecía.

CASO IV
Roberto era un hombre que durante sus 20 años había logrado tener mucho dinero, viajes, inmuebles, carros. Pero, luego de una inversión, casi pierde hasta su casa. Cuando vino a consultarme estaba muy estresado, lleno de miedos, con mucho coraje, aunque todo lo cubría con una actitud muy positiva.

Su pregunta era, ¿por qué siempre que parecía que conseguía lo que deseaba, algo sucedía, o la persona que estaba lista para invertir en su negocio a último momento se retiraba? ¿Por qué un cliente que había mostrado tanto interés en su producto, al final terminaba comprando a alguien más o simplemente no le contrataban, cuando todo estaba ya para concretarse?

Al conectarse con su niño interior, Roberto pudo observar y recordar cómo su madre lo había dejado a la edad de 6 años con una tía para ir a los Estados Unidos y proveer mejor para él, con la promesa de mandar el dinero y llevárselo cuando ella pudiera, promesa que cumplió cuando él ya tenía 12 años. También recordó cómo había otros tíos con varios hijos que vivían en la misma casa.

Estos tíos criticaban todo el tiempo lo que él hacía, y él podía ver cómo, por no tener a su madre, quienes recibían primero la comida, regalos o palabras de aliento eran los hijos de sus tíos y él era el último. Observó que ya a los 10 años, como desde muy chico, había recibido correazos de sus tíos corrigiéndole por alguna falta, lo cual le daba tanta tristeza que empezó a sentir que no merecía nada. Su estima personal empezó a decaer y se volvió un niño con dos caras, feliz y popular en la escuela, pero muy negativo en la casa.

Al hablar con su niño interior, pudo decirle que esas personas que no le compraban o aprobaban o les daban el negocio a otros, no eran sus primos o tíos, y que ahora él iba a criarlo de nuevo diciéndole todo lo que él se merecía escuchar y cómo merecía ser tratado.

Mientras trabajaba con su niño interior, pronto fue contratado por una compañía muy grande y ahora por su positivismo, y entrenando a su niño interior puede ver la vida de diferente manera, sus finanzas mejoraron y su coraje ha desaparecido en un 90 %.

Hay que aclarar que el concepto de crear o tener mucho dinero y vivir una vida de abundancia, son dos cosas distintas. Tener dinero y no compartir, solamente ahorrar, es vivir en un vacío que no se puede llenar, ya que, si logras 1 millón de dólares, luego vas a querer 2 millones. Por el contraro, si además de tener dinero vives una vida de abundancia, viajas, te das tus espacios, luego empiezas ayudando, bendiciendo a los necesitados, creando escuelas, programas para mejorar el ambiente, tu comunidad, tu ciudad, tu vida irá de incremento a incremento. Tu niño interior puede ayudarte con tu creatividad.

8
Tu niño interno y tus relaciones

Exigimos de nuestra pareja el amor, la atención y el cariño que nuestros padres no pudieron darnos. Eso es injusto para la persona que decide vivir junto a ti. Ama a tu niño interior y permite que se dé cuenta de que tu pareja no es tu padre o tu madre.

—Pero, Mercedes —me decía un cliente—. ¿Qué tiene que ver mi niño interior con la clase de mujeres que estoy atrayendo a mi vida?

Mi respuesta fue:

—Todo, todo, René.

Y allí comenzó su proceso de regreso al amor a sí mismo, para atraer la pareja que él iba a escoger, no su niño interior herido.

¿De quién aprendiste el significado del amor?, ¿quién te enseñó a ver el amor como sinónimo de dolor? Te has puesto a pensar, ¿por qué tienes esos conceptos errados sobre el hombre y la mujer?, ¿cuántas veces sucedió que mientras mamá y papá discutían agitadamente te abandonaron a ti y a tus hermanos emocionalmente y ahora ese miedo sale a la superficie y no puedes confiar en nadie?

A lo mejor mamá o papá abandonó el hogar, o murió y tú te quedaste pequeño e indefenso, creando este vacío en tu corazón de niño y nadie te explicó que pasó.

Quizás tomaste en tus hombros la responsabilidad de que la relación entre papá y mamá funcionara y al final no pudiste lograrlo, cuando te avisaron ese día en la sala que habían decidido divorciarse.

Pudo suceder que papá abusaba físicamente de mamá frente a ti, y tú por ser pequeño no pudiste hacer nada. O pudo suceder lo contrario, que tu madre abusara de tu padre. ¿Viste a mamá llorar cuando papá no llegaba a la casa y luego te diste cuenta de que papá le había sido infiel a mamá o mamá le fue infiel a papá? Y hoy, en el presente, deseas casarte, pero atraes personas que no te valoran o personas que no llenan eso que tú esperas de ellos. Ya es tiempo de que te conectes con tu niño interior y hagas que tus relaciones sean sanas, para que tus hijos, y los hijos de tus hijos, no tengan que vivir los mismos ciclos de inconsciencia, vivan en armonía y amen a sus parejas, así como a sus hijos.

Yo sabía que mi padre adoraba a mi madre, pero veía que mi madre resentía mucho a mi padre y no podía expresarle el amor que ella le tenía. Eso se lo mostraba siempre al estar reclamando, demandando y ahuyentando a mi padre, ya que inconscientemente ella creó un mecanismo al enfermarse. Era en mis ojos de niña una relación amor/odio. Ahora puedo ver la causa de ello, sin embargo, cuando era una niña, lo que aprendí fue a estar a favor de mi madre y empezar a ver todas las faltas en mi padre. Aprendí que los hombres son la causa de tus males, no proveen como deberían, los hombres te son infieles, te hacen sufrir y luego te pueden abandonar. Mi madre era muy controladora debido a la crianza que tuvo y no nos permitía hacer muchas cosas. Le teníamos que pedir permiso para todo. Este comportamiento de «pedir permiso» hizo que mi relación con mi esposo se viera afectada.

Crecí y mis relaciones más significativas fueron tres. El primer novio duró dos años, me cansé y terminé con él. El segundo, después de cuatro años de una relación que terminaba y comenzaba me abandonó y se casó con alguien más. Esto me dolió mucho, pero solté el dolor y un año más tarde conocí a mi esposo y cuando me casé, sin saber, puse a mi esposo en la categoría «madre» y empecé, sin estar consciente de eso, mi entrenamiento para ser víctima.

Le pedía permiso para todo, como cuando lo hacía con mi madre. Muchas veces él estaba en reuniones y yo le llamaba y le llamaba hasta que por fin contestaba y le decía: «¿Me das permiso para llevar a los niños a McDonald's?».

Algunas veces me decía que no y luego me salía con «no sé».

El subconsciente es más poderoso que la consciencia; sin darme cuenta, la llamada a mi esposo la hacía mi niña interior herida. La adulta podía llevar a los niños a McDonald's, pero mi programación era que no podía tomar decisiones y siempre tenía que pedir permiso. Esto desarrollaba un sentimiento de dolor y me resentía con él.

Esto fue agravando nuestra situación, renegaba de cómo él me trataba, cómo era posible que fuera de esa manera. Pero no podía hablar con nadie sobre él, así que me tragaba todo mi dolor. No quito el hecho de que él actuaba de una manera muy dura conmigo y me trataba muy hiriente muchas veces, aunque ahora entiendo que «nadie te puede hacer sentir nada, si tú no se lo permites». Pero mi niña interior no sabía eso, ya que ni idea tenía que era ella la que estaba gobernando mi relación con mi esposo en ese tiempo específico de tanto dolor.

El tiempo fue pasando, tuve mi quinto bebé y fue allí cuando me di cuenta de que «ya no amaba a mi esposo», pero no podía irme o divorciarme, porque no trabajaba y tenía que cuidar a cinco bebés.

Llegué a estar en lo que algunos maestros le llaman «La oscura noche del alma». No tenía gozo, me sentía atrapada, le echaba la culpa a mi esposo por todo mi dolor, por la falta de dinero, por darle mal ejemplo a mis varones sobre cómo se trata a una mujer y que, así como él me trataba, los hombres iban a tratar a mis hijas. Era un tiempo de sentirme «pobrecita yo».

Fue aquí donde mi búsqueda se agudizó y empecé a decir una afirmación que todavía enseño a todos mis pacientes: **«Dios déjame ver a mi esposo a través de los ojos del amor»**.

Y, como este poder maravilloso siempre escucha, la hermana mayor de mi esposo, que nunca me llamaba, un día me llamó y me relató lo que mi esposo había vivido cuando era pequeño. Hasta ese punto en nuestro matrimonio, mi esposo nunca me había contado toda su niñez. Ella me relató cómo murió su madre: su papá, por tener que trabajar, los dejó con personas que los trataron muy mal y tuvieron que moverse de casa en casa. Esto pasó desde que mi esposo tenía 3 años hasta sus 9 años, fue en esta época que recibió toda clase de rechazos y burlas.

Luego, cuando mi esposo tuvo 9 años, su padre murió en un accidente y nadie quiso hacerse cargo de ellos, ya que eran los últimos tres niños más pequeños de nueve hermanos.

Finalmente, una tía los crio y comienzó otra historia de abandono en su vida. Todo esto yo no lo sabía, él no hablaba de ello y así empezó a nacer en mí mucha compasión. Pedí en oración mucha guía para amar nuevamente a mi esposo y en ese proceso se me dijo claramente: «*Él es con el único hombre* con quien vas a despertar en esta vida, él es el único». Aquí comenzó mi restauración y hablé con mi niña interior. Le mostré que mi esposo no era mi mamá. Ha sido un proceso largo, pero ahora puedo decir que quien está con mi esposo es la adulta.

Mi deseo más grande era tener una relación santa con mi esposo y hoy lo es. Sé que se pondrá mejor, porque hay muchos niveles de autoamor y autodescubrimiento.

Hablé mucho con mi niña interior y ahora te invito a que tú lo hagas; medita, y en lugar de ver a tu pareja como el enemigo,

cuestiónate y haz la pregunta: «¿Quién está dirigiendo mi relación con mi pareja, una persona adulta o mi niño o niña interior?». Esto te pone al volante del carro de tu vida, no en el puesto del pasajero.

Poco a poco irás entrenando a tu niño interior a calmarse y eventualmente lograrás esa relación hermosa que te mereces. Esto es de dos y muchas veces harás tu parte, pero si después de haber sanado a tu niño o niña interior tu pareja no ha querido cambiar, es el momento de alejarse cordialmente.

Te voy a contar varias historias que te podrán ayudar a ver lo importante de encontrarte con tu niño/a interior y sanar las heridas para poder tener una vida más sana y victoriosa:

HISTORIA DE NATALIA Y ALBERTO
Natalia y Alberto llevaban varios años juntos. Al principio de la relación todo iba muy bien, vinieron a verme, y por lo que pude entender se amaban, pero a Alberto, de repente, comentaba ella, parecía que no le importaba la relación y prefería irse con sus amigos.

Empecé a trabajar con ellos, aunque en un momento, Alberto decidió ya no regresar. Natalia siguió viniendo y llegó el momento en el que se dio cuenta de que él le había sido infiel. Fue un momento muy duro y tuvieron que separarse. Él pronto se dio cuenta del gran error que había cometido y decidió regresar por él mismo y sanar su niño interior.

Esto tomó un tiempo y luego Natalia se reintegró a las sesiones. Alberto fue un joven con una niñez traumática, su padre los abandonó y su madre empezó a salir con varios hombres; él estuvo expuesto a esta vida y no pudo hacer nada. Creció con un resentimiento y una falta de cariño. Era un joven atlético, muy atractivo, empezó a atraer muchas mujeres, pero su vida estaba muy vacía.

Cuando conoció a Natalia sintió una confirmación celestial de que ella era la mujer con la que viviría el resto de sus días. Ella ni lo conocía, sin embargo, eventualmente él y ella se encontraron y empezaron su vida juntos.

Natalia, por el otro lado, venía de un matrimonio donde su padre le era infiel a su madre y no la valoraba. Cuando ella tenía 13 años, ellos se divorciaron y ella vivía una semana con su mamá y otra con su papá, con mucha inestabilidad. Y ahora, sin darse cuenta, estaba repitiendo los mismos patrones de dolor de sus padres. Realizar esto la puso en posición de empoderamiento y empezar a crear una mejor realidad.

La infidelidad es una herida que sana, pero la cicatriz es muy grande. La persona tiene que aprender a vivir con la duda, aunque esta no debe sabotear tus relaciones.

Alberto y Natalia lograron sanar sus niños interiores. Se acaban de casar y han estado viviendo una vida más placentera,

ya que ahora son adultos en una relación y no niños buscando a sus padres.

HISTORIA DE CAROLINA

Carolina era una joven muy sonriente que no paraba de reír nerviosamente, aun cuando estaba platicando de cosas muy sencillas. Vino a verme porque su relación de pareja era de mucho abuso verbal y muchas veces llegaba al abuso físico. Ella estaba cansada y no entendía la causa. Aunque sabía que tenía que dejarlo, algo en su mente se lo impedía.

En su conversación, ella me contó que su educación escolar se truncó cuando su padre los abandonó y tuvo que empezar a trabajar para ayudar con los gastos de la casa a la corta edad de diez años. Su madre, una mujer que no había ido a la escuela, desde muy pequeños les dejaba en la casa de su mamá, o sea su abuela, para irse a trabajar, pues su padre era alcohólico y nunca estaba para ellos. La abuela era una mujer muy cruel, golpeaba incesantemente a los nietos. Carolina, por ser la mayor era la que recibía la mayoría de los golpes de ella y luego de su madre, ya que esta le ponía quejas todo el tiempo.

En su sesión del niño interior, Carolina pudo observar cómo, sin motivo alguno, recibía los golpes de la abuela y un día, a la edad de ocho años, frente a los vecinos, la abuela vino donde ella estaba, la regañó, la humilló y la golpeó. Para disimular el dolor y la vergüenza, en ese momento, le agarró una risa nerviosa, esta risa nerviosa continuó cada vez que la castigaban o la humillaban.

Carolina había utilizado como mecanismo de defensa la risa nerviosa para calmar la ansiedad de lo que le estaba pasando. Esa era la razón por la que ella ya de adulta se reía todo el tiempo, pero lo hacía aún más cuando estaba nerviosa. Además, pudo observar cómo su madre le dejaba en claro que la golpeaba porque la quería y no deseaba que se volviera una cualquiera, que anduviera en la calle y le recalcaba que era mejor estar con un hombre, que tener varios maridos. Una historia que le repetía todo el tiempo, cuando ella a lo mejor no había lavado los trastos de la cena por algún olvido o no ayudaba con algo en la casa.

Carolina creció con esa programación y cuando deseaba salirse de esa relación tan dañina con su pareja, todas estas frases de su madre se repetían inconscientemente y no la dejaban dejarlo o reportarlo a las autoridades de una vez por todas, pues pensaba que él la trataba de esa manera por amor.

A través de varias sesiones ella logró aplicar la técnica ICLP y hablar con su niña interior, perdonar a su madre y abuela, recuperar su poder de mujer y no permitir más ser una víctima. Su proceso comenzó y finalmente pudo dejar a su pareja, no habían tenido hijos, se movió de ciudad, logró

conseguir un trabajo mejor y hoy vive una relación linda con su nueva pareja que ella como adulta encontró.

HISTORIA DE SILVIA

Silvia era una joven muy bella, ejecutiva, divorciada, con unas cualidades hermosas, inteligente, educada, dulce. Pero con sus relaciones todo resultaba muy traumático.

Vino a verme y durante nuestra conversación me comentó que en las relaciones que había tenido, sus parejas no la valoraban, eran mentirosos, había mucho resentimiento e ira y lo más notable es que siempre atraía hombres que hacían menos dinero que ella. En su corazón ella sabía que quería que la trataran como una princesa porque se lo merecía.

Al irnos a su niñez pudimos observar que sus padres siempre estaban peleando, discutiendo frente a ella por dinero, ya que su madre era ama de casa y él era el único que económicamente contribuía al hogar. Por su carácter, ella tomó la responsabilidad de que cuando peleaba, lograba que hicieran las paces.

Su padre, un hombre de negocios muy fuerte, trataba a su madre de una manera denigrante. Nunca la valoró, incluso siendo la única hija, no iba a la escuela cuando era el Día del Padre, no la acompañaba a nada y aunque ella hacía todo para agradar a papá, este nunca le hacía sentir que se merecía lo mejor.

La madre, por el contrario, se hacía la víctima, pero tenía una actitud pasivo-agresiva. Sin darse, cuenta la niña se prometió no casarse con nadie como su papá, que disminuía a su mamá por no tener un «trabajo». Cuando creció eso se le olvidó, pero lo guardó en su subconsciente y allí estaba la razón por la que atraía hombres que ganaban menos, para que no la fueran a ver de menos a ella, así como su padre lo había hecho con su madre.

La rabia y el resentimiento que guardaba hacia su padre hacía que al menor sentimiento de mentira o falta de respeto ella explotara fácilmente y allí comenzaba su dolor. Sus parejas se cansaban y no veían la gran mujer que era, ya que ella, sin saber, se escondía bajo una máscara dura cuando por dentro estaba muy sola y con mucho temor.

Cuando liberamos a su niña interior y ella entendió todas sus programaciones, inmediatamente atrajo para ella un hombre muy guapo, ingeniero, se casaron y hoy la trata como toda una princesa.

«A menudo, los conflictos que se producen en las relaciones íntimas son tan grandes que terminan con la relación. Y, sin embargo, es posible que tu pareja no sea responsable de tu sufrimiento, sino solo alguien que refleja un dolor que lleva dentro de ti muchos años, como si fuera un espejo».

«A menudo, los conflictos que se producen en las relaciones íntimas son tan grandes que terminan con la relación. Y, sin embargo, es posible que tu pareja no sea responsable de tu sufrimiento, sino solo alguien que refleja un dolor que lleva dentro de ti muchos años, como si fuera un espejo».

Paloma Corredor

9
El niño interior y la orientación sexual

Un niño de cinco años no sabe qué es el sexo, pero a esa corta edad ya siente algo muy bonito por el mismo sexo que no puede explicar.

*E*ste es un tema que en los últimos años está más difundido y para el cual hay más aceptación, pero por mucho tiempo ha sido un tabú. Es por esa razón que le doy un capítulo en mi libro.

La orientación sexual ha sido cuestionada hasta el día de hoy por la religión y los gobiernos de muchos países. Son miles los muertos en manos de personas homofóbicas. Este es un rechazo, miedo, repudio, prejuicio o discriminación hacia mujeres u hombres que se reconocen a sí mismos como personas LGBTI.

En Facebook, el fotógrafo Brandon Stanton, creador de *Human of New York,* publicó una fotografía de un niño de 10 años con gran angustia emocional en la que el niño decía: «Soy homosexual y me da miedo mi futuro y que no agrade a las personas». Él no está solo, miles de homosexuales desearían no serlo. Muchos de ellos se detestan a sí mismos por sentir lo que sienten.

He tenido la bendición de conocer muchos niños interiores a través de mis clientes gay. Al platicar con ellos, me da tanta ternura y dolor a la vez, saber que, a tan temprana edad, ellos sabían quiénes eran, pero el rechazo inmediato que empezaron a sentir de sus padres, maestros, religión, amigos de escuela, fue algo muy fuerte y palpable.

Como niños inteligentes, logran evadir el sentimiento y tratan de camuflarlos volviéndose «como los demás». En el caso de los varones, hacen deporte, crean un cuerpo varonil, tienen novia; las niñas ocultan su realidad volviéndose muy obedientes con su madre, que sospecha algo, aunque niega todo, sobreprotegiéndoles, no queriendo admitir una realidad palpable. Algunos jóvenes hasta se vuelven ellos mismos homofóbicos; luego, cuando llegan a puestos de poder en las iglesias u organizaciones comienzan a perseguir a las personas gay.

Quiero aclarar que muchos de estos niños no han sido abusados sexualmente y los niños que sí han sufrido estos abusos por hombres o niñas por mujeres, muchos de ellos son heterosexuales y no por eso se «vuelven gay». El niño que es gay no se hace, nace. Yo fui una niña abusada por una mujer y recuerdo que desde que tenía 5 años me gustaba un niño en *kindergarten* y hasta su nombre recuerdo. Tito me agarraba de la mano en el recreo y me llevaba a ver las culebras que algunas maestras usaban para mostrar en la clase. Recuerdo cómo mi corazoncito latía fuertemente y no entendía por qué. Este mismo sentimiento sucede a los niños gay, ya que a este punto el niño no entiende nada sobre la sexualidad.

El abuso en los niños heterosexuales deja secuelas de confusión y muchas veces los adultos tendrán fantasías sexuales con personas de su mismo sexo que crean vergüenza y culpa. Muchos de ellos experimentarán relaciones con el mismo sexo, pero siempre sentirán que algo no está bien. Al conectarte con tu niño interior, tomar consciencia de los abusos, buscar un profesional en la materia para que te apoye, logras que esta confusión vaya desapareciendo y te vuelves un adulto sexualmente libre de disfrutar esta parte tan necesaria en tu vida.

La revista *National Geographic* publicó en el año 2012 un artículo sobre un estudio que se realizó, el cual dice lo siguiente:

> Los cerebros de los gais comparten características con los de personas heterosexuales del sexo opuesto, según revela un nuevo estudio. Investigadores han encontrado similitudes en la estructura física y tamaño del cerebro, así como en la fortaleza de las conexiones neuronales, entre personas gais y personas heterosexuales del sexo opuesto.
>
> En algunos aspectos, los cerebros de hombres heterosexuales y lesbianas son similares en lo

referente a la longitud de las ondas, sugiere la investigación. De la misma manera, los hombres gais y las mujeres heterosexuales tienen cerebros similares.

Estos descubrimientos evidencian que los homosexuales podrían tener una predisposición genética para ser gays. Las diferencias entre la actividad cerebral y la anatomía fueron observadas en un estudio que incluía 90 hombres y mujeres, contando con homosexuales y heterosexuales de ambos géneros.

Los investigadores vigilaron la actividad neuronal en el cerebro midiendo el flujo de sangre. Las exploraciones se realizaron cuando los voluntarios estaban descansando y no expuestos a estímulos externos, y estos estudios se centraron en la amígdala, una estructura con forma de almendra dentro de cada hemisferio del cerebro asociada con el proceso de las emociones. Y el resultado de estos experimentos fue que las dos partes del cerebro también cambian en su simetría según la orientación sexual de la persona.

CASO I
José, un joven de 23 años, inteligente, graduado con honores de la universidad, estaba utilizando drogas y alcohol y no

9 EL NIÑO INTERIOR Y LA ORIENTACIÓN SEXUAL

podía mantener un trabajo estable. Tenía su novia desde hacía varios meses y se querían mucho. Era un joven muy popular y querido entre sus amistades por la calidez de su carácter. En nuestro encuentro, él me contó que durante su niñez fue objeto de *bullying* y que aún en sus trabajos actuales era víctima de *bullying* por sus superiores.

Cuando él me consultó estaba cansado y sin esperanza, los ciclos de dolor y de no aceptación de sí mismo habían regresado y se deprimía. Uno de sus sueños era moverse para la gran ciudad y trabajar en arte, que era su pasión. Pero por todo lo que le estaba pasando veía muy lejos que esto se volviera realidad.

Cuando fuimos a su niñez, José se dio cuenta de que desde que tenía 6 años empezó a sentir atracción por los niños, pero su espontaneidad de niño que mostraba estos sentimientos creó inseguridad en las maestras y allí comenzó su calvario, ya que las maestras lo empezaron a tratar mal y lo marginaban. Fue un niño que estuvo varias veces con depresión. Le recomendaban medicamentos, funcionaba un tiempo, aunque nuevamente regresaba a su dolor. Su padre lo apoyaba grandemente, pero José nunca tuvo el valor de decirles a sus padres que era gay.

Al conectarse con su niño interior, pudo observar detenidamente lo que vivió en ese entonces y decirle que él era un niño normal, que estaba bien lo que él sentía y que no era su culpa. Admitió lo que por muchos años no había podido admitir y dijo: «Soy gay Mercedes, soy gay». Una paz brilló en sus ojos; una sonrisa se dibujó en su rostro; tomó una decisión y me dijo en ese momento: «Primero le diré a mi novia y luego le diré a mi familia». Y así lo hizo. No habían pasado ni tres semanas cuando pudo moverse a la ciudad deseada y está viviendo la vida sin sentimiento de culpa y sin ocultar su verdadera identidad. Retomó el arte y consiguió un buen trabajo donde lo admiran.

CASO II
Will era un hombre varonil, guapo, se casó con una mujer y se divorció. Pero le gustaban los hombres. Él decía: «Soy bisexual». Cuando tuvo una sesión del niño interior conmigo no fue por su orientación sexual sino por otra situación, pero al ir adentrándonos más a su niñez pudimos observar mucha fuerza de parte de su padre para que fuera «macho». Él era obediente, pero a sus 16 años empezó a tener relaciones sexuales con personas del mismo sexo y guardó su secreto, mintiendo a dónde iba, de dónde venia... Al casarse, y cuando la vida iba pasando y de parte de su esposa se sentía presionado, empezó a ser infiel con personas del mismo sexo y ese jovencito que se había quedado atorado le mentía y se salía del entorno del hogar.

Mientras soltaba muchos otros paradigmas, se perdonó, perdonó a sus padres, se dio cuenta claramente de que él es gay y se ha dado permiso de vivir su realidad sin culpa y sin vergüenza. No fue fácil, fue un proceso, y hoy por hoy se siente más en paz y empoderado.

RELACIONES DE PAREJAS GAY

Los problemas de pareja que viven las personas del mismo sexo no son diferentes a las que se dan en las relaciones heterosexuales. En mi práctica he atendido muchos casos de parejas y cuando estoy frente a una pareja gay veo que los problemas son similares.

La falta de aceptación, no valorarse y no amarse es lo que produce las discordias en las relaciones. Cuando una persona gay trabaja con su niño interior logra aceptarse, amarse y valorarse. Esto se ve reflejado en su vida y sus relaciones (ver el capítulo «Tu niño interior y las relaciones»).

10

La madre o el padre, puede crear enfermedad en sus hijos

El amor es para el niño como el sol para las flores; no le basta pan: necesita caricias para ser bueno y ser fuerte.
Concepción Arenal

Hay un síndrome conocido como el síndrome de Münchausen, bautizado en 1951 por el Dr. británico Richard Asher, endocrinólogo y hematólogo, definido así como uno de los «trastornos ficticios» en la clasificación psiquiátrica internacional. Y es nada más que otro tipo de abuso infantil. Pero puede causar la muerte en los niños. Netflix tiene una película basada en la vida real que se llama *Corre*, la cual expone claramente este síndrome.

Esta enfermedad mental se caracteriza porque un adulto provoca o hace fingir enfermedades en un niño a su cargo, por lo general hijos, aunque pueden ser sobrinos, nietos o hasta niños bajo cuidado, como en el caso de niñeras que sufren de dicha enfermedad.

Muchas madres poseen este síndrome sin darse cuenta y sus efectos pueden ser muy devastadores, ya que el poder de la mente subconsciente solo obedece, no cuestiona y está dirigido a crear lo que constantemente acertamos en nuestra mente.

Existe un gran porcentaje de madres que inconscientemente crean con sus pensamientos y sentimientos enfermedades en sus niños.

La mayoría de estas madres vivieron una vida muy dura y traumática en su niñez. Al momento de escoger una pareja, atraen compañeros de vida que las pone en circunstancias similares de dolor, abandono, rechazo y humillación.

En medio de sus problemas de pareja salen embarazadas e inconscientemente no entienden que todo lo que están experimentando a ese nivel profundo del subconsciente crea un efecto en el feto que, desde ya, está recibiendo y aceptando todo lo que mamá está sintiendo. He tenido clientes que desde que estaban embarazadas temían y se preocupaban porque su niño iba a nacer enfermo.

La madre, sin saber del poder de sus pensamientos y emociones, no busca la manera de cambiar su forma de pensar, sino que sigue en su dolor, sintiendo que son víctimas de las circunstancias, creando estrés en la formación del feto. Vale aclarar que con esto no trato de tapar el error de la pareja. Pero como hay tanta inconsciencia de parte de los dos, el maltrato es recibido por los niños.

Estas madres no quieren hacerles daño a sus criaturas de ninguna manera, pero sin darse cuenta, sus niñas interiores que no sabían mejor, vivían observando y aceptando que la única manera de sentir amor por otros era preocupándose o que solamente con la enfermedad veían que papá y mamá se unían y mostraban amor.

10 LA MADRE O EL PADRE, PUEDE CREAR ENFERMEDAD EN SUS HIJOS

Al crecer y estar en medio del dolor con tu pareja, tu niña interior tiene que protegerte y va a buscar soluciones similares, una de estas soluciones que aprendió fue crear enfermedad para ver si así al menos el dolor, abandono, rechazo que como adulta está experimentando en el presente, desaparece. Este patrón nuevamente toma forma y sin darte cuenta, le da vida a una realidad muy triste que afecta a tu bebé.

Estas enfermedades recreadas en sus niños pueden abarcar desde el autismo, enfermedades pulmonares, virus, cáncer y hasta la muerte.

En el momento que decides sanar tu niña interior, aceptas la salud como parte integral de tu vida diaria. Información de cómo hacerlo viene a ti de fuentes inesperadas, ayudas a tus hijos recreando un hogar feliz y saludable.

Al crecer y estar en medio del dolor con tu pareja, tu niña interior tiene que protegerte y va a buscar soluciones similares, una de estas soluciones que aprendió fue crear enfermedad para ver si así al menos el dolor, abandono, rechazo que como adulta está experimentando en el presente, desaparece. Este patrón nuevamente toma forma y sin darte cuenta, le da vida a una realidad muy triste que afecta a tu bebé.

Estas enfermedades recreadas en sus niños pueden abarcar desde el autismo, enfermedades pulmonares, virus, cáncer y hasta la muerte.

En el momento que decides sanar tu niña interior, aceptas la salud como parte integral de tu vida diaria. Información de cómo hacerlo viene a ti de fuentes inesperadas, ayudas a tus hijos recreando un hogar feliz y saludable.

11
Mi niña interior y la enfermedad

La perspectiva biocognitiva ofrece un modelo unificado en el cual las creencias culturales y espirituales influyen los procesos biológicos que afectan la salud.

Dr. Mario E. Martinez

Desde que tengo uso de razón vi a mi madre enferma. Recuerdo el sentimiento de impotencia de no poder parar su dolor y verle muchas veces en cama o algunas veces en el hospital. Era como que cada vez se creaba una nueva enfermedad y se respiraba una energía de culpa, así lo percibía, como si yo fuera responsable de lo que le pasaba a mamá, por consiguiente, tenía que ser más obediente. Por no tener seguro médico y las farmacias en mi país no tenían regulación, muchas veces las personas se automedicaban, pero la medicina no era barata y por eso se usaban las hierbas lo más que se pudiera.

Las frases con las que crecí eran: «No andes descalza, te va dar gripe», «Si no comes suficiente, te vas a enfermar». Por la pobreza y no tener dinero para ir con doctores, las madres acudían a la medicina natural. Esto fue una bendición disfrazada para mí, ya que aprendí a buscar remedios alternativos con mis hijos. Crecí con la caña fístula para los parásitos, el mentol, limón y miel para la tos y la gripe, Alka Seltzer para dolor de estómago y aspirina para los dolores.

Recuerdo que en mi mente yo acepté que la enfermedad llega y no tienes control de ella. Luego mi cuerpo, cuando tenía mi menstruación, empezó a mostrar esta realidad produciendo

inflamación y mucho dolor y sentía cómo mi madre se preocupaba por mí en esos momentos y me mostraba amor.

Lo interesante fue que mi menstruación llegaba en la noche y era cuando pasaba muchas horas con tanto dolor y mi madre se despertaba a auxiliarme. Era como que mi mente decía: «Aquí la tendrás para ti solita». Ahora lo entiendo así.

A mis 9 años la mamá de mi papá, la abuelita María, se volvió demente y quedó como una niña, llamaba a su mamá y no podía dormir en la noche. La llevaron a vivir con nosotros cuando yo tenía 12 años, recuerdo que yo la calmaba, ya que ella en su demencia, pensaba que yo era su mamá.

Yo quería mucho a mi abuelita, pero sentía tanto dolor verle así; ella murió cuando yo tenía 15 años. A mi padre, años más tarde, le dio la misma enfermedad e inconscientemente yo asumí que sería la próxima. Mi madre, en su ignorancia por no entender mi carácter, todo el tiempo me decía que yo era «muy nerviosa». Por el estrés que vivía en el hogar empecé a crear tics nerviosos en la cara, constipación, problemas en la garganta. Enfermedades que, ahora sé, eran producidas por esa programación de amenaza percibida, llamada respuesta «lucha o huída», la cual hace que las glándulas suprarrenales produzcan cortisol en cantidades extremas que hacen que tu cuerpo eventualmente se enferme.

A los 20 años me mantuve alejada de doctores y si sentía cualquier malestar, buscaba lo que ya conocía. Cuando me casé a los 23, salí embarazada dos veces y mi cuerpo abortó los fetos. Una experiencia muy dolorosa y triste. Esto me llevó a visitar doctores y tomar pastillas muy fuertes. Mi esposo había crecido igual en relación a la medicina, no había tiempo para chequeos mensuales o visitas al doctor de la familia. A él ni le gustaba tomar pastillas para el dolor.

A mis 26 años, embarazada por tercera vez, nos mudamos para los Estados Unidos desde El Salvador, donde nació en un hospital de Texas nuestra hermosa primogénita, Yanica Lee. Al año quedé embarazada nuevamente, no teníamos seguro médico ya que mi esposo había puesto su propia compañía. Allí entré en el mundo de las parteras y tuve mis próximos cuatro hijos en casa. Repitiendo el mismo ciclo de mi madre, que nos tuvo en la casa con partera.

Durante mi despertar a mi niña interior empecé a leer un libro muy poderoso que me ayudó a reforzar el conocimiento que nosotros creamos con nuestros pensamientos: *Principios Básicos de la Ciencia de la Mente,* del Dr. Frederick Bailes. Por haber tenido a mis hijos en la casa y haber trabajado con parteras y doctores naturistas, hasta este punto solo había usado hierbas para sanar a mis hijos y nunca los había llevado a pediatras.

Con este libro aprendí el poder de la oración científica, que dice: «Da gracias y siente que lo que has pedido ya está contestado». La manera en que empecé a aplicar este concepto fue porque me sentía exhausta por haber tenido cinco niños en el espacio de seis años y medio, con «escuela en la casa», *homeschool*, (el gobierno de los Estados Unidos permite a los padres enseñar a sus niños en casa). Estaba tan cansada, pues por las noches algunos de mis niños se despertaban, amamantaba a mi bebé y muchas veces no dormía.

En mi desesperación empecé a utilizar *La oración científica*. Cuando uno de mis niños empezaba a toser o llorar, inmediatamente repetía la oración científica. Decía el nombre de mi niño y luego repetía: «Es un hijo de la Luz, sano y perfecto, sus pulmones son saludables, él descansa y despierta feliz. Entrego esto a Dios sabiendo que esto ya está hecho». Milagrosamente, la mayoría de las veces funcionaba y sentía tanto agradecimiento ya que no tenía que levantarme. Fue así como empecé a tener mucha más fe en este proceso que me llevó a utilizar menos hierbas y más oración.

Por ser la maestra de mis hijos incluía estas enseñanzas diariamente y ellos aprendieron a aceptar que pueden ser sanos si su mente lo acepta. Hasta el día de hoy, cuando uno de ellos tiene una gripe o algún malestar, no corren a doctores, sino que recurren a las hierbas, a la vitamina C o té.

Personalmente ya dejé de contar los tantos años que no he visitado ningún doctor, porque cada vez que siento algo en mi cuerpo recurro a la oración científica y siempre funciona en mí.

Te invito a que te informes sobre cómo sanar tu cuerpo con medicina alternativa, meditación y estudies las grandes mentes que han logrado este proceso.

12
El éxito y tu niño interior

*Así como un manantial
del que brota agua inagotablemente,
de esa manera,
tu niño interior hará brotar
éxitos infinitos en tu vida.*

Desde que comenzó mi despertar en el año 1997, me embarqué en una búsqueda de conocimiento y entendimiento acerca del proceso de la mente, las emociones y cómo estas son gobernadas por tu cerebro. Puse mi intención en aprender y aplicar todo lo que fuera necesario para calmar el dolor que sentía.

Pedí en oración que «quería llegar a esos niveles de conocimiento que yo no sabia que existían, pero Dios sí sabia». Empecé a leer muchos libros, de repente empecé a notar que era como que el universo me enviaba la información por medio de muchos libros que llegaban a mí milagrosamente, estaba empeñada y leí interminables horas.

Sin saber el proceso por el que estaba pasando, empecé en la iglesia a la que asistía en ese entonces a escuchar a muchas personas que se acercaban a mí a pedir consejo y mi corazón se abrió y sentí ese gran llamado solo de ayudar.

Había una fuerza divina que me guiaba, me entrenaba en cómo estar más consciente de mis emociones, fui sintiendo cómo este poder me daba tarea para ver si había aprendido el concepto del perdón, aceptación, abundancia... Luego venían los exámenes de todas las materias y finalmente me

graduó con un doctorado de la vida, por medio de un proceso emocional, físico y espiritual que duró muchos años.

Hasta que llegó el momento de salir al campo y enseñar a otros a hacer lo mismo.

Las vidas de muchos se iban transformando a raíz de mis consejos, luego estas mismas personas me referían a otras personas y mi nombre se hizo una cadena. Pero era tanto mi cambio que luego de siete años en esta preparación, en el año 2004 tomé la decisión de tomar un curso para hablar en público y con la ayuda de unas personas, comencé a dar clases de netafísica en un centro llamado Unity North en Marietta, Georgia.

El grupo en español creció y fue allí, mientras cada jueves daba las clases, donde salieron otras clases de miedos, temores, dudas, sentimientos de baja autoestima… ¿Lo estaré haciendo bien?, y si esto no es lo que tengo que hacer. Pero ya no había vuelta atrás, Dios tenía un propósito mayor.

Por las discusiones que tenía con mi esposo, muchas veces deseaba parar de dar clases y quedarme en el papel de mamá, ama de casa y esposa.

Invertía del dinero de la familia, dando mis clases gratuitamente, ya que «cobrar» me daba tanta vergüenza. En mi mente y dolor, pensaba que mi esposo se resistía a que yo tuviera que ser una persona pública. Esta época era, sin darme cuenta, otra escuela que me mostró todas las programaciones erróneas sobre el dinero y el éxito que había aceptado en mi niñez, y ahora mi niña olvidada estaba saboteando mi sueño.

El éxito es personal, si no se ve económicamente, ¿qué estás produciendo? Muchas veces tus seres queridos no te entenderán. El éxito es un proceso que lleva tiempo, pero si le enseñas a tu niño interior que él o ella sí lo merece, este llega más pronto.

> «*El éxito es aprender a ir de fracaso en fracaso sin desesperarse*».
> **Winston Churchill**

En el año 2005, aplicando la ley de la atracción y todo lo aprendido, actuando junto a esta ley maravillosa, creamos sin mucho dinero una casa nueva, hermosa, con muebles nuevos y finos, en un área bella de la ciudad. Mi esposo obtuvo un trabajo donde le aumentaron el triple de lo que ganaba. Era como si el universo orquestara todo grandiosamente para ir manifestando paso a paso nuestros deseos.

Esto me daba autoridad para seguir enseñando, ya que podía mostrar desde el ejemplo que, si se aplican las leyes correspondientes, se puede crear lo que uno más anhela.

Este conocimiento se reforzaba más cuando el grupo que enseñaba todos los jueves crecía cada vez.

Aun con toda esta manifestación y abundancia, yo estaba sufriendo en relación al dinero. Sentía que no merecía, pero esto lo guardaba en silencio.

A este tiempo no le ponía la atención necesaria a mi niña interior olvidada y ella me gritaba el miedo sobre el dinero y yo inconscientemente no escuchaba. Pero en mis momentos de más desesperación pedía guía y muchas veces me tiraba al suelo a llorar y decir: «Ya no puedo más, esto es muy doloroso, ¿cómo puedo hablar de abundancia, cuando yo me siento de esta manera?». Y siempre surgía un milagro que me ponía de regreso en el camino.

Esto era solo el comienzo de un nuevo ciclo. En el año 2008 nos movimos a Florida, pues le ofrecieron a mi esposo otro trabajo excelente ganando más dinero, viviendo en una casa hermosa, con alberca, seis recámaras, cuatro baños...

Dejé el grupo, pero la gente me seguía pidiendo consejos y algunos me decían: «¿Podría hablar a mi hermana en Colombia o algunos en Perú, México... y darle una sesión?». Fue cuando analicé que esto es algo que podría hacer en cualquier parte, utilizando la tecnología. Y así comencé a dar asesorías por teléfono alrededor del mundo.

Cuando llegué a Florida empecé a hacer más estudios por el Internet, creé un canal en Youtube y ahora es visto en todo el mundo. Luego, por la conexión con una amiga, quien me presentó a una persona muy hermosa en El Paso, Texas, que conducía un programa en Univision Radio, y por dos años consecutivos me llamaron cada jueves para dar un mensaje de inspiración.

Una persona de El Paso empezó a conectarse conmigo por *e-mail* y me dijo que me podía ayudar a crear mi página web y decidí poner mi primer *site*. En ese tiempo le llamé igual que al segmento que tenía en la radio: *Hablemos con Mercedes*.

Mi esposo, por la crisis en los Estados Unidos en el año 2010, perdió su trabajo. De la noche a la mañana parecía que todo se desvanecía, pero empezamos a aplicar todo lo aprendido. El día que me llamó para decirme que no teníamos trabajo, le dije: «Hay que irlo a celebrar al restaurante más caro que hay aquí en la Florida», y así lo hicimos.

Fue entonces que surgió la idea de dar conferencias. El universo abrió los caminos y fui a El Paso y a México a compartir un mensaje de esperanza en medio de la crisis económica. Fue una época de mucha gratitud, pues pudimos ver que todo el trabajo y esfuerzo de mi despertar estaba dando ahora dividendos y se estaba expandiendo. Vimos la mano divina manifestarse hasta en las cosas más pequeñas.

> *«Para lograr el éxito mantenga un aspecto bronceado; viva en un edificio elegante, aunque sea en el sótano; déjese ver en los restaurantes de moda, aunque solo se tome una copa; y si pide prestado, pida mucho».*
> **Aristóteles Onassis**

Desde el año 2009 todo dio un giro y comenzaron más milagros a manifestarse. Una persona muy hermosa que conocí en ese tiempo me dijo que para que yo hiciera todo de una manera legal, ya que no soy psicóloga, me volviera reverenda y así lo hice.

Puse mi propia empresa, trabajando solo dos días a la semana, dando sesiones personales, conferencias y mi entrada de dinero ha sido como una cascada constante y abundante.

Desde entonces he viajado a compartir mi mensaje del niño interior dando conferencias y talleres en varios países del mundo como España, Chile, Ecuador, México y Estados Unidos por solo mencionar algunos.

He conocido personas famosas muy importantes que me han ayudado en mi proceso. He aconsejado y sigo a *coachings*, diplomáticos, artistas, madres, empresarios de alto nivel, niños, jóvenes...

He recibido premios, escrito varios artículos para diferentes revistas, he sido entrevistada en varios canales de televisión como CNÑ, Telemundo, Univisión y emisoras de radio.

Ahora, junto a mi esposo viajo a varios países del mundo en vacaciones y disfrutamos conociendo otras culturas.

Este proceso de sanar mi niña interior y progresar no ha sido fácil, pero ha valido la pena. He tenido muchos tropiezos y me he levantado, he sufrido humillación, rechazo, abandono y burlas, pero aprendi que:

«Nada viene a destruirme, todo viene a elevarme».

Sé que no hay un final, mientras estemos vivos seguiremos caminando, creciendo y bendiciendo a miles por medio de nuestro ejemplo.

Todavía sigo hablando con mi «Merceditas», ahora ella está más cerca de mí. Su inocencia e inteligencia me dan tanta ternura, fuerza y confianza para seguir. Siempre le informo lo que me está ocurriendo y la invito a que siempre esté conmigo. Ella es el medio por el cual estoy más conectada con mis hijos, mi esposo y el cielo.

Te invito a que no desistas en tus sueños, no desistas en conectarte y reprogramar tu niño interior. Decide seguir, transfórmate y el éxito que te pertenece por derecho divino vendrá de la mano.

QUE TU NIÑO INTERIOR TE DIGA LO QUE SENTÍA

Busca un lugar cómodo cada día, toma papel y lápiz, luego utiliza una música de meditación que haga que tu mente se calme. Que sea tu intención sacar todas las memorias que recuerdas de tus primeros cinco años. No trates de justificar a ningún adulto, escucha a tu niño interior, aunque sientas que «se merecía lo que le pasó», aunque sientas que eras «malcriado, deshonesto, haragán». Dale la oportunidad a tu niño interior de que te diga lo que realmente sentía a esa corta edad. Habla con tu niño interior.

A tu niño interior le encanta que le llames por su nombre con ternura. Cada vez que sientas angustia, dolor, enojo, frustración o rabia, habla con tu niño interior de esta manera. Di tu nombre, como te llamaban de niño, ejemplo: «Carlitos, vamos a soltar este enojo. Te amo, gracias», «Lorena, mi niña, vamos a soltar esta tristeza. Te amo, gracias». Esto activará a tu subconsciente a escuchar y entender, eventualmente, soltando las historias que están provocando el sentimiento.

TU NIÑO INTERIOR TE AYUDA CON PROBLEMAS DE PAREJA

Cada noche toma unos dos minutos y antes de dormir llama a tu niño o niña interior por su nombre, dile que te muestre lo que ella o él aceptó sobre el amor, las relaciones y luego dile que ya no busque a papá o mamá en su

> «Usa tu imaginación: llama a tu niño interior y este te ayudará a crear milagros».

pareja. Y si no tienes pareja, dile que ya pare de buscar a papá o mamá y que ahora tú, el adulto, vas a buscar a la persona con la que deseas pasar la vida juntos.

TU NIÑO INTERIOR TE AYUDA CON LOS PROBLEMAS DE DINERO

Toma un papel y escribe: «Mi niño, ¿qué sientes cuando digo la palabra DINERO?». Luego pausa, respira y permite que tu niño te guíe. Juntos suelten todas esas memorias de escasez, personas, dolor o miedos en relación al dinero y dile a tu niño/a que él/ella se merece tener dinero y abundancia. Afirmación: «Mi niño interior y yo aceptamos la abundancia infinita. Amo el dinero y el dinero me ama. Lo doy con amor y regresa a mí multiplicado».

PUEDES ENSEÑARLE A TENER BONDAD A TU NIÑO INTERIOR CON TU SOBREPESO

Cada vez que sientas y observes las emociones como la ira, el resentimiento y la tristeza alrededor de la comida, no trates de suprimirlo. En cambio, acepta que estas emociones vienen de una variedad de recuerdos almacenados desde tu infancia. A lo mejor tu madre hablaba mal de su cuerpo o tenías sobrepeso y te hicieron hacer dieta siendo tú tan pequeña.

Cierra tus ojos conéctate con tu niña interior de 10 años o una edad menor. Luego llámale por su nombre e imagina que está frente a ti. Tú te bajas a su nivel. Le miras a sus ojos y le dices: «No fue tu culpa, lo que te hicieron sentir por cómo se veía tu cuerpo nunca lo fue, ni lo será».

Dale un abrazo y dile que se quede contigo. Ser amable contigo mismo te ayudará a desarrollar una relación genuina con tu niño interior y la comida. En lugar de sentirte mal por tus sentimientos alrededor de los chocolates, habla con tu niño/a interior y dile que van a aprender a disfrutar y no solo comer emocionalmente. Acepta, suelta y entonces tendrás espacio para ser bondadoso con tu cuerpo y con tu niño interior.

TU NIÑO INTERIOR NECESITA PALABRAS CARIÑOSAS Y ESTÍMULO

Habla con tu niño interior como te hubiera gustado que los adultos a tu alrededor te hubieran hablado. Ejemplos:

«No es tu culpa que te sientas menos que tu prima».
«Esto ya va a pasar».
«Eres increíble».
«Eres inteligente».
«Perdóname que te hable de esa manera».
«Tú perteneces...».
«Eres suficiente».

Si te gustaba dibujar, cantar, bailar, date el permiso e inscríbete en unas clases y ve con tu niño interior. Verás cómo tu vida se expande cada día.

Involucra a tu niño interior en tu vida diaria.

¿Te has dado cuenta de lo emocionados que los niños se ponen cuando les pides que te ayuden? Nuestro niño interior hace lo mismo. Cada vez que necesites ayuda adicional, con amabilidad llama a tu niño interior de 6 o 10 años de edad y dile: «¿Me puedes ayudar a que termine este proyecto, por favor? ¿Puedes ayudarme a solucionar este problema con mi pareja?... ».

Te darás cuenta de cómo se da un cambio energético alrededor de ti. La sabiduría, la creatividad y la inspiración se manifestarán de una manera sutil y se creará un remolino hermoso de soluciones.

TU NIÑO INTERIOR NECESITA DESARROLLAR PACIENCIA
La impaciencia es una programación en nuestro niño interior que causa muchos fracasos. Es una señal de que, al crecer, no se te dio el espacio para cometer errores y queremos ver cualquier problema arreglado «para ayer».

Permítete cometer errores y saber que está bien. Nada grande se construyó en un día. La sanación emocional también implica dejar de lado todo lo que no es propicio para un ambiente emocional positivo. Cuando sientas impaciencia, abrázate pensando que estás abrazando a tu niño interior y luego has el sonido *shshshshs*h por unos minutos. La impaciencia, enojo y frustración disminuyen y podrás poco a poco ver la solución.

VIAJA A TRAVÉS DEL TIEMPO CON TU NIÑO INTERIOR
¡Esta técnica puede ayudarte enormemente! Cada noche toma unos minutos para observar tu día y si encuentras algo como una discusión con tu jefe, un problema con tu hijo, tu pareja, tu familia, amigos... Llama por su nombre a tu niño interior y observa de qué edad se aparece, digamos que aparece a los 8 años. Usa tu imaginación, agarrado de la mano de tu niño interior, respira profundamente tres veces y viaja a ese período de tiempo específico en tu mente y observa detenidamente lo que realmente estaba pasando en tu vida a esa edad y presta atención al por qué estás creando la situación que te está sucediendo en el momento actual.

Luego, con el conocimiento de adulto, le explicas a tu niño interior lo que realmente estaba ocurriendo. Por ejemplo, en una ocasión que discutí con mi esposo por dinero llamé a mi niña interior y se apareció la imagen de la niña de 10 años, le pregunté por qué yo me había molestado tanto con mi esposo, en ese momento se vino a la memoria cuando yo deseaba un par de zapatos nuevos y mi madre no me los pudo comprar y ahora en el presente yo deseaba algo y mi esposo me dijo que no podíamos por cuestiones de dinero.

En ese momento hablé con mi niña interior y le dije: «Daniel (mi esposo) no es mamá. Si yo deseo comprarme lo que necesito, puedo hacerlo sin pedir permiso». Y rápidamente me sentí en paz y el enojo con mi esposo desapareció.

Mentalmente habla con tu niño interior, libera suavemente cualquier recuerdo del pasado y visualiza una luz hermosa llenando el espacio de mucho amor. Luego ve con tu niño a la playa o un lugar de mucha paz que te imagines y juntos repitan la palabra LIBERTAD, tres veces.

Epílogo

Es mi deseo que estas páginas te traigan esperanza, paz y confianza en que hay un camino para llegar al cielo, y que tu niño —que ha estado olvidado— posee ese poder para transportarte al amor y la inocencia.

Cada día que pasa siento tanto agradecimiento de ver cómo mi vida continúa transformándose por la conexión con mi niña interior. Es por eso que te invito que compartas este libro, para que el milagro de regreso al amor y la inocencia al reconectar tu niño interior se siga manifestando en el mundo.

Concluyo mi libro con el mensaje que nos da *Un Curso de Milagros*, lección 182, sobre «El Niño Interior Olvidado»:

> Mas en ti hay un niño que anda buscando la casa de su padre, pues sabe que él es un extraño aquí. Su infancia es eterna, llena de una inocencia que ha de perdurar para siempre. Por dondequiera que este niño camina es tierra santa. Su santidad es lo que ilumina al cielo, y lo que trae a la tierra el prístino reflejo de la luz que brilla en lo alto, en la que el cielo y la tierra se encuentran unidos cual uno solo.

Este niño que mora en ti es el que tu padre conoce como su hijo. Este niño que mora en ti es el que conoce a su padre. Él anhela tan profunda e incesantemente volver a su hogar, su voz te suplica que lo dejes descansar por un momento. Tú eres también su hogar y necesita tu protección. Se encuentra muy lejos de su hogar. Es tan pequeño que parece muy fácil no hacerle caso y no oír su vocecita, quedando así su llamada de auxilio ahogada en los estridentes sonidos y destemplados y discordantes ruidos del mundo. No obstante, él sabe que en ti aún radica su protección, tú no le fallarás. Él volverá a su hogar y tú lo acompañarás.

Este niño es tu indefensión, tu fortaleza. Él confía en ti, vino porque sabía que tú no le fallarías. Te habla incesantemente de su hogar con suaves murmullos, pues desea llevarte consigo de vuelta a él, a fin de poder él mismo permanecer allí y no tener que regresar de nuevo a donde no le corresponde estar y donde vive proscrito en un mundo de pensamientos que le son ajenos. Su paciencia es infinita.

Esperará hasta que oigas su dulce voz dentro de ti instándote a que lo dejes ir en paz, junto contigo, a donde él se encuentra en su casa, al igual que tú.

Antes de terminar de escribir su libro, Mercedes fue a la playa a dar gracias y mientras lo hacía pidió una señal. Sin ella saber, su esposo empezó a tomarle fotografías y para su asombro, cuando vió la secuencia de fotos, se percató de que el sol había formado, junto a las nubes, la silueta de su niña interior.

Mira el sol detenidamente.

Bibliografía

Bruce H. Lipton, Ph.D *.The Biology of Belief*. Estados Unidos: Hay House Inc, 2016.

Dr. David Hawkins. *Dejar ir, el camino de la entrega*. España: El Grano de Mostaza, 2014.

David R. Hawkins . *Power vs Force*. Estados Unidos: Hay House Inc, 2014.

Dr. Joe Dispenza *Becoming Supernatural: How Common People Are Doing the Uncommon*. Estados Unidos: Hay House Inc, 2017.

D. W. Winnicott *.The Child, the Family, and the Outside World*. 2.ª ed. Estados Unidos: Perseus Publishing, 1992.

Esther y Jerry Hicks. *La Ley De Atracción: Conceptos básicos de las enseñanzas de Abraham*. España: Hay House Inc, 2007.

Frederik Bailes. *Principios Básicos de la Ciencia de la Mente*. Estados Unidos: DeVorss & Company, 1987.

Gregg Braden. *The Divine Matrix*. Estados Unidos: Hay House, Inc, 2007.

Helen Schuman, Bill Thetford, Kenneth Wapnick. *Un Curso de Milagros:* Estados Unidos: Foundation for Inner Peace, 1976.

John Bradshaw. *Homecoming: Reclaiming and Championing Your Inner Child*. Estados Unidos: Bantam, 1992.

Louise Hay. *Usted puede sanar su vida*. Estados Unidos: Hay House Inc, bilingual, 1991.

Wayne Dyer. *El Poder de la Intención*. España: Debolsillo, 2017.

Otras referencias

Boixnet, *El Secreto,* dirigido por Drew Heriot (2006; Boixnet), DVD.

Calameo. https://bit.ly/3d6Wram

Calameo. https://bit.ly/3vF1SEb

National Geographic. https://bit.ly/3Sp7njX

MedlinePlus. https://bit.ly/3d6CdOi

Prezi. https://bit.ly/3oXbOow

Mercedes B. Guzman

Mercedes Guzman

@mercedesguzmaniclp

Mercedes B. Guzman

@talk2mercedes

www.mercedesguzman.com

www.ingramcontent.com/pod-product-compliance
Lightning Source LLC
LaVergne TN
LVHW041839070526
838199LV00045BA/1352